Karola Ahlke arbeitet als Redakteurin bei der Nachrichtenagentur AFP in Bonn/Berlin.

Jutta Hinkel ist Redakteurin beim ZDF (heute-online) in Mainz.

Beide Autorinnen haben bei einer Tageszeitung volontiert und an der Universität Dortmund Journalistik studiert.

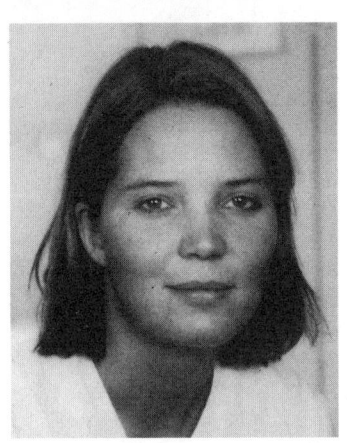

Karola Ahlke / Jutta Hinkel

Sprache und Stil

Ein Handbuch für Journalisten

Reihe Praktischer Journalismus

Band 36

Die Deutsche Bibliothek – CIP-Einheitsaufnahme

Ahlke, Karola:
Sprache und Stil : ein Handbuch für Journalisten /
Karola Ahlke/Jutta Hinkel. – Konstanz : UVK Medien, 1999
  (Reihe praktischer Journalismus ; Bd. 36)
  ISBN 3-89669-242-9

ISSN 1433-7649
ISBN 3-89669-242-9

Druck: Legoprint, Lavis

Besuchen Sie uns im Internet
www.uvk.de

© 1999 UVK Medien
  Verlagsgesellschaft mbH

  Schützenstr. 24
  D-78462 Konstanz
  Tel.: (07531) 9053-0
  Fax: (07531) 9053-98

Vorwort

Gesucht: Redakteur mit flotter und stilsicherer Schreibe. Die *flotte Schreibe* gehört in Stellenanzeigen für Journalisten ebenso wie in Stellengesuchen zu den Standardformulierungen. Der Wunsch nach gutem Stil in den Redaktionen ist zwar groß und wird tagtäglich gefordert. Worin er besteht, kommt allerdings meist nur in vagen Etiketten wie *Sprachgefühl, Edelfeder,* oder *der ist stilsicher* zum Ausdruck. Dieses Buch stellt den geschmacksorientierten Forderungen eine praktische Anleitung für den Stil nachrichtlicher Texte gegenüber. Dahinter steht die Überzeugung, daß es für journalistische Artikel verbindliche Kriterien für guten Stil gibt. Maßgeblich dafür ist die Forderung, daß die Verständlichkeit das oberste Ziel für Gebrauchstexte sein muß. Daraus ergibt sich, daß guter Stil lernbar und keine Frage des Talents ist. Erst dann kann man sich über 'schöne' und 'häßliche' Wörter streiten.

Die Autorinnen entwickeln ein leicht anwendbares Verständlichkeitsmodell, mit dem Journalisten ihre Texte verbessern können. An den Forderungen werden anschließend die unterschiedlichen Sprachbausteine wie Bilder, Redewendungen, Bürokratendeutsch sowie Fach- und Fremdwörter gemessen. An zahlreichen Beispielen aus Regional- und Lokalzeitungen sowie Pressemitteilungen wird die Alltagstauglichkeit der Sprachkriterien gezeigt. Dabei geht es nicht darum, einzelne Texte nur zu kritisieren. Deshalb folgen einer Einschätzung der Beispiele eigene Vorschläge. Diese entfallen nur dann, wenn an den Artikeln lediglich Definitionen erklärt werden sollen, guten Texten nichts mehr hinzuzufügen ist oder die nötigen Informationen für eine Verbesserung fehlen.

Für den schnellen Zugriff bieten die einzelnen Kapitel in einer Checkliste die Essenz der wesentlichen Forderungen und Anleitungen für den Schreiber. Wer nur einzelne Formulierungen überprüfen möchte, findet zahlreiche Beispiele im alphabetischen Wörterbuchteil am Ende des Buches.

Bonn/Wiesbaden, März 1999   Karola Ahlke, Jutta Hinkel

1 Flotte Schreibe ist nicht guter Stil

Sprachgefühl, gute und flotte Schreibe, der ist stilsicher - das sind Beschreibungen, die in Redaktionen häufig im Zusammenhang mit Sprache und Stil herangezogen werden. Diese Formulierungen sind unscharf und schwammig, trotzdem verweisen die einschlägigen journalistischen Handbücher genau auf diese Ausdrücke. Um wirklich Wege zu gutem Stil zu finden, müssen deshalb die Begriffe Sprache und Stil genauer betrachtet werden. Denn im Gegensatz zu Auffassungen von Stillehrern wie Wolf Schneider und Ludwig Reiners ist Stil nicht allein eine Frage von Ästhetik und Individualität (Reiners 1951; Schneider 1984). Vielmehr ist Stil unter den Kriterien Funktionalität, Angemessenheit und Verständlichkeit zu sehen. Deshalb dürfen sich Stilanleitungen nicht nur nach subjektiven Werturteilen oder Intuition richten. Es gibt Maßstäbe, die nachvollziehbar und deshalb auch lernbar sind. Nur wer weiß, was Sprache und Stil ausmacht, kann dieses Wissen in die Praxis umsetzen.

Eine sehr eingängige Definition der Begriffe liefert Hans-Martin Gauger, indem er die Sprache als das *Was*, den Stil als das *Wie* der Äußerung bezeichnet (Gauger 1995a). Damit wird die zentrale Unterscheidung zwischen Inhalt und Form deutlich. Während es beim Inhalt noch möglich ist, mit den Urteilen *richtig* und *falsch* zu arbeiten, wird diese Einteilung beim Stil schwieriger: Hier werden Wertmaßstäbe wie *gut* und *nicht gut* oder *schön* und *nicht schön* oder *hat Stil* und *hat keinen Stil* herangezogen.

Sprachwandel

Mit Stil verbindet man heute in der Umgangssprache eine Form von *Gelungensein*. Dabei kommt das Wort Stil ursprünglich aus dem Lateinischen und bedeutete *Griffel*. Im Mittelalter bezog sich Stil vor allem auf die Schreib- und Redeart. Seit dem 17. Jahrhundert bezieht sich Stil nicht nur auf die Sprache, sondern auch auf die Bildende Kunst, Musik, Architektur oder Mode. Im Gegensatz zu zahlreichen aktuellen Stilanleitungen sollte der

Begriff nicht in einer „kunstvollen, geschickten Zusammenstellung", sondern als „Alltagsangelegenheit" (Michel 1968, S. 13) verstanden werden. Nach diesem Verständnis bringen nicht nur Schriftsteller und Dichter, sondern auch Journalisten Stil hervor.

Der für den Journalismus angemessene Stilbegriff spricht dem Normalbürger genauso Stilfähigkeit zu wie dem Schriftsteller. Jedoch ist es immer noch die Regel, daß in journalistischen Texten ein elitäres, intuitives und künstlerisches Stilideal angestrebt wird. Bedauerlich ist, daß diese Auffassung selbst in aktuellen Handbüchern für Journalisten immer noch vorherrscht.

Eng mit dem elitären Stilideal verknüpft ist in konservativen Stillehren die Kritik an jeglichem Wandel der Sprache. Am meisten wird die Verwendung von Substantivierungen und Fremdwörtern beklagt. Die strengsten Kritiker sehen in der Entwicklung der Sprache, daß der Mensch durch sie „zum Objekt erniedrigt" wird (Dieckmann 1978, S. 175). Im Kampf gegen die Verunglimpfung der deutschen Sprache haben selbsternannte Sprachschützer wie der Dortmunder Professor Walter Krämer etwa den „Verein zur Wahrung der deutschen Sprache" gegründet, der sich gegen englische Ausdrücke in der deutschen Sprache wehrt.

Aber Sprache darf nicht statisch gesehen werden, denn sie lebt vom Wandel. Ohne auf Regeln zu verzichten, muß Sprache der Zeit angemessen sein. Wer noch im 20. Jahrhundert die *Schöne Literatur* zum Stilideal erhebt, wird der Bedeutung von Sprache in einer modernen Gesellschaft nicht gerecht. Besonders für journalistische Texte gilt, daß deren Sprache an der Funktion für die Leser festgemacht wird: Es handelt sich um Gebrauchs- und Alltagstexte, die vergleichweise schnell aufgenommen werden und deshalb hohe Anforderungen hinsichtlich ihrer Verständlichkeit erfüllen müssen. Das schließt natürlich nicht aus, daß man sich literarische Sprache zum Vorbild nimmt.

Journalistische Texte sind Gebrauchstexte

Bei der täglichen Redaktionsarbeit äußert sich die Reflexion über die eigene Sprache häufig lediglich in dem Satz *das wollen unsere Leser so*. Diese Vermutung ist aber angesichts der sehr unterschiedlich zusammengesetzten Zielgruppe der Zeitungsleser ein Problem: Denn was die Redakteure für angemessene Sprachauswahl halten, kommt häufig anders beim Leser an.

Der Journalist muß sich deshalb beim Schreiben die Frage beantworten, welche Funktion der Text erfüllen soll und ob seine Sprache der Funktion und der Zielgruppe angemessen ist.

Georg Möller, ein Stilistiker aus der ehemaligen DDR, gehört zu den wenigen, die schon früh mit der Tradition der Stillehrer gebrochen haben und der den rein ästhetischen Stilkriterien ein funktionales Konzept entgegengesetzt hat (Möller zit. n. Nickisch: 1975, S. 111). Er stellt an die sogenannte Gebrauchssprache von Journalisten folgende Forderungen:

- Eindeutigkeit
- Unverwechselbarkeit
- Vollständigkeit
- Begriffliche Schärfe
- Knappheit des Ausdrucks
- Eingängigkeit

Die Einhaltung dieser Kriterien macht er nicht an einzelnen dogmatischen Stilregeln fest, sondern stellt sie zur Orientierung über den Sprach- und damit den gesamten Stilgebrauch. Darin bricht Möller mit der Tradition: Er ersetzt die subjektiv gefärbten und rein ästhetischen Kriterien durch einen funktionalen Ansatz. Durch die Einteilung der Sprache in sogenannte Funktionalstile, die sich je nach Schicht, jeweiliger Sprachsituation und Zielgruppe unterscheiden, ergeben sich u.a. der Stil der Wissenschaft, der Literatur, der Behörden und der Presse (Riesel/Schendels 1975, S. 5). Das heißt, die Funktionalstile stehen dem Individualstil gegenüber.

Die Funktionalstile fordern vom Schreiber, daß er sich im entsprechenden gesellschaftlichen Bereich angemessen, zielgruppenorientiert und überlegt äußert. Der Individualstil ist dagegen von der Person abhängig und nicht von der Situation, dem Textgenre und der Aussageabsicht. Individualstil tritt auch beim Anwenden verschiedener Funktionalstile auf, denn er ist die subjektive Prägung einer Äußerung. Daß eine Einteilung in Funktionalstile möglich ist und die Verfasser eines Textes oder der Sprecher durchaus zwischen Sprachstilen wechseln können, wird als „innere Mehrsprachigkeit" bezeichnet (Strauß/Zifonun 1985, S. 17).

Für den Journalisten ist entscheidend, daß er bewußt aus seinem Sprachschatz Wörter und Formulierungen auswählt, um einen Inhalt für den Leser angemessen aufzubereiten. Die Auswahl reicht von dichterisch über geho-

ben, von umgangssprachlich über salopp bis vulgär. So sagt man dichterisch
für Gesicht *Antlitz*, vulgär ist es die *Fresse*. Damit kann der Schreiber beim
Leser bestimmte Eindrücke, Gefühle und Stimmungen erzeugen. Die vom
Journalisten beabsichtigten Wirkungen sollten jedoch mit den herausgelese-
nen Mitbedeutungen der Leser übereinstimmen, wenn die Kriterien der
Angemessenheit, der Beachtung von Funktionalstil und Zielgruppe beachtet
worden sind.

Die Vermischung der unterschiedlichen Sprachebenen, wie Funktional- und
Individualstil, wird im folgenden an zwei Artikeln aus regionalen Tageszeitungen verdeutlicht. Die Texte zeigen, inwiefern die Wortwahl die Wirkung
auf den Leser bestimmt.

Beispiele: Sprache und Stil

Buchenauer Burschen pflegen die dörfliche Tradition

Am Silvestertag treiben Bettelmänner ihr Unwesen

Dautphetal-Buchenau Silvestertag in Buchenau dazu wie das nächtliche Feuerwerk zur Jahreswende. Die Rede ist von den „Bettelmännern", die am letzten Tag des Jahres vom Vormittag bis zur hereinbrechenden Dunkelheit durch die Straßen des Dorfes ziehen und die Bürger um eine Spende zu bitten.

Dabei sind die in Lumpen und alte Kleider oder Kostüme gehüllten Gestalten keinesfalls wählerisch. Neben den traditionellen Gaben wie Eiern und Speck verschmähen die schaurig anmutenden Gesellen selbstverständlich auch keine Geldspenden oder Nahrungsmittel in flüssiger Form.

Eier, Gemüse, Brot und Wurst

Die Bandbreite des „Beutegutes", das sich am Ende des Streifzugs durch die Gassen in den Körben angesammelt hat, ist schon recht interessant. So haben in der Vergangenheit beispielsweise leckere Neujahrskräppel, Schokalade, Gemüse, vor allem aber

Sie gehören zum Brot, Wurst und natürlich Eier den Weg in die Weidenkörbe gefunden.

Aufrechterhalten wird der jahrhundertealte Brauch traditionell von den beiden Burschenschaften im Ort. Sowohl die Mitglieder der Burschenschaft „Muth" als auch die „Damm"-Burschen verwandeln sich am Silvestertag in Windeseile in Bettelmänner, die in erster Linie bei den nicht mit der Tradition vertrauten Bürgern unterschiedlichste Reaktionen hervorrufen.

Nicht zuletzt deshalb bitten die Vorsitzenden der beiden Burschenschaften, Mark Noll und Frank Jähnel, schon einmal vorab um Verständnis und weisen insbe-

sondere die Autofahrer auf mögliche „Begegnungen der unheimlichen Art" hin. Gerade im Bereich der Bundesstraße 62, die mitten durch Buchenau führt, kommt es nämlich immer wieder zu hektischen Reaktionen der Kraftfahrer, wenn sie der „Bettelmänner" ansichtig werden.

Bitte Fuß vom Gaspedal nehmen

Deswegen appellieren beide Burschenführer an die motorisierten Verkehrsteilnehmer, besondere Umsicht walten zu lassen und den Fuß schon am Ortsschild vom Gaspedal zu nehmen.

Und sie verweisen darauf, daß, wer dem Brauch nun wirklich gar nichts Positives abgewinnen kann, natürlich nichts spenden muß und seine Fahrt nach der kurzen Unterbrechung anschließend unbehelligt fortsetzen kann.

Text 1

Einschätzung

Die reine Information des Artikels ist das zuvor genannte *Was* des Textes:
Die sogenannten Bettelmänner ziehen an Silvester durch Buchenau und
bitten um Spenden. Dabei handelt es sich um eine jahrhundertealte Tradition
des Dorfes. Bei dem *Wie*, das als kennzeichnend für den Sprachstil genannt
wurde, handelt es sich überwiegend um den Sprachstil der Presse. Der Ausdruck *motorisierte Verkehrsteilnehmer* stammt ebenso wie *Beutegut* aus
dem Amtsdeutsch. Diese Begriffe werden vornehmlich in Polizeiberichten
verwendet.

Die Wendung *schaurig anmutende Gesellen* klingt dagegen gewählt und
gehoben, weil sie altertümlich und nicht mehr geläufig ist. Genauso stilistisch auffällig sind die Formulierungen *besondere Umsicht walten zu lassen, ansichtig werden* sowie *unbehelligt*. Daran kann man zum einem die
persönlichen sprachlichen Vorlieben des Autors ablesen, zum anderen will
er vermutlich beim Leser bestimmte Stimmungen erzeugen. Ähnlich verhält
es sich mit den Formulierungen *Begegnungen der unheimlichen Art* und
Unwesen treiben.

Mit dieser Wortwahl verläßt der Schreiber die reine Informationsebene des
Textes und suggeriert dem Leser, wie ungewöhnlich das Auftreten der Bettelmänner in dem Dorf ist. Mit dem Zitat *Begegnungen der unheimlichen
Art* gibt er dem Artikel einen ironischen Anklang, da dieses den Bettelmännern den Status von ungewöhnlichen, fast außerirdischen Wesen verleiht.

Den in Anführungszeichen gesetzten Begriff *Beutegut* entlehnt der Autor
dem Polizeijargon und ruft so die Vorstellung des Verbotenen hervor. Dieser Eindruck wird in der Überschrift verstärkt mit der Redewendung *Unwesen treiben*. Offensichtlich will der Autor seinen Text interessant und span-
nend gestalten, indem er als Kontrast zum vermeintlich Verbotenen beschreibt, daß die Bettelmänner *Neujahrskräppel, Schokolade, Gemüse, vor
allem aber Brot* und *Wurst* sammeln.

Häftling entkam in Wetzlar

W e t z l a r   Ein zu elf Jahren Haft verurteilteer
Schwerverbrecher, der wegen Totschlags und anderer Delikte
bis zum Jahr 2004 in Butzbach einsitzen müßte, ist gestern
nachmittag aufgrund unglaublich lascher Bewachungsmetho-
den in Wetzlar entflohen und seitdem verschwunden. Der
25jährige nutzte die Pinkelpause seines 55jährigen Aufsehers,
um aus dem Auslieferungsfahrzeug für Produkte der JVA
Butzbach zu entkommen und in dem Waldgelände am
Finsterloh unterzutauchen.   Mehr im Lokalteil

Text 2

Einschätzung

Der Text informiert über die Flucht eines Butzbacher Häftlings. Dies ist das
Was der Äußerung. Auf der *Wie*-Ebene verwendet der Autor neben dem
Funktionalstil der Presse Ausdrücke aus dem Amtsdeutsch wie *Ausliefe-
rungsfahrzeug, Delikt* und *Waldgelände*. Umgangssprachlich sind dagegen
Wörter wie *Pinkelpause, lasch, einsitzen* und *untertauchen*.

Diese kurze Meldung kombiniert mehr noch als der vorangegangene Text
verschiedene Sprachstile: Bürokratische Ausdrucksweisen und salopp-um-
gangssprachliche Wortwahl wechseln einander ab. Der Text vermittelt den
Eindruck, daß sich der Journalist einerseits nicht von der Behördensprache
in der Polizeimitteilung trennen konnte, andererseits wollte er den Text
offensichtlich möglichst umgangssprachlich formulieren.

Man kann dem Verfasser zugute halten, daß er das Ungewöhnliche, fast
Lustige der Nachricht herausstellen wollte: Der Bewacher geht auf die Toi-
lette, und schon ist der Häftling entwischt. Es wäre aber konsequenter gewesen, diese Meldung ihrem Inhalt entsprechend auch sprachlich durchgängig
'bunt' zu gestalten. Deshalb hätte der Journalist die salopp-umgangssprach-
liche Stilfärbung durchhalten müssen.

Checkliste

- Welche Funktion soll der Text erfüllen?
- Ist die Sprache der Funktion angemessen?
- Ist die Sprache der Zielgruppe angepaßt?
- Welche Stimmungen sollen die Formulierungen beim Leser erzielen?

2 Verständlich schreiben

Journalistische Texte sind Gebrauchstexte, sie müssen sich deshalb nicht mit literarischen Texten messen. Die Aufgabe der journalistischen Sprache ist es, Inhalte verständlich zu vermitteln. Somit ist ein verbindliches Prinzip geschaffen, das über allen geschmacksorientierten Anleitungen steht. Diese Forderung steht gleichberechtigt neben den Kriterien, die schon im ersten Kapitel angesprochen wurden: Sprache muß der Situation, der Funktion, der Zielgruppe sowie der Textart und -aussage angepaßt sein. Es hilft nichts, nur darauf zu beharren, daß guter Stil aus der Einheit von Form und Inhalt besteht:

> „Wenn wir einen Text nicht verstehen, fragen wir uns häufig: Liegt das nun daran, daß ein an sich klarer Inhalt (Gedanke, Sachverhalt) nur unklar dargestellt ist - oder aber liegt es daran, daß der zugrunde liegende Sachverhalt als solcher (noch) unklar ist?" (Seiffert 1977, S. 23)

Helmut Seiffert macht deutlich, daß sich guter Stil in erster Linie durch Verständlichkeit auszeichnet. Den Weg zu diesem Kriterium ebnet Reinhard Nickisch mit der Forderung, die Sprache als „Instrument" zu betrachten und ihren Gebrauch auf die „optimale Tauglichkeit" zu prüfen (Nickisch 1975, S. 135). Journalistische Sprache muß sich am Zweck und erst dann an der Ästhetik orientieren. Willy Sanders nähert sich der Aufgabe der Pressesprache folgerichtig:

> „Verständlichkeit im Sinne allgemeiner, unmißverständlicher, leichter Faßlichkeit lautet die Zauberformel nicht nur einer eigenen Verständlichkeitsforschung, sondern auch der Stillehre." (Sanders 1996, S. 122)

Zudem ist es wichtig, Verständlichkeit im Zusammenhang mit gutem Stil von mehreren Standpunkten aus zu betrachten: Verständlichkeit ist ein journalistisches Qualitätskriterium im Hinblick auf die Vermittlung von Zusammenhängen und setzt sich aus zahlreichen Bestandteilen zusammen.

2.1 Sprache als Qualitätskriterium

Die verständliche Vermittlung von Informationen ist die zentrale Forderung im Zusammenhang mit gutem Stil. Es wäre jedoch falsch, verständliche Sprache als das einzige Kriterium zu betrachten. Was einen guten, journalistischen Text in seiner Gesamtheit tatsächlich ausmacht, wurde in den vergangenen Jahren von der Qualitätsforschung untersucht. Verständlichkeit ist daher nicht isoliert zu betrachten, sondern muß als ein Aspekt der journalistischen Vermittlungsarbeit angesehen werden.

Die Journalismusforschung hat in den vergangenen Jahren folgende Merkmale als zentrale Kriterien für die Qualität von Texten herausgearbeitet:

- Richtigkeit
- Vermittlung
- Aktualität
- Relevanz

In der Umgangssprache bezieht sich *Qualität* meist auf Produkte, deren Wert oder Güte als *gut* oder *schlecht* eingeschätzt werden: *Der Pulli hat eine gute Qualität,* oder *Das Auto ist qualitativ hochwertig*:

> „Hier kann ich Qualität messen, nach Millimetern,
> Gewicht, Rauhheit oder Wellenlänge des Lichts."
> (Korbmann 1993, S. 141)

Im Journalismus ist es bedeutend schwieriger, die Qualität des Produktes zu messen. Aber daß der Begriff mittlerweile auch hier gebraucht wird, zeigt, daß es sich bei journalistischen Texten um Dienstleistungsangebote handelt. Es wäre jedoch falsch zu glauben, daß die Beurteilung der Qualität allein vom *Kunden*, also dem Hörer, Leser oder Zuschauer, abhängt. Stephan Ruß-

Mohl weist zurecht darauf hin, daß es sich bei der Publikumsgunst nur um den einfachsten methodischen Ansatz handelt, Qualität zu bewerten, denn „auch Ramsch läßt sich ja mitunter gut verkaufen" (Ruß-Mohl 1994, S. 102). Als weitere Maßstäbe zur Beurteilung zählen u.a das Expertenurteil, die personelle Ausstattung der Redaktion sowie die Erfahrung der Journalisten.

Die Beurteilung der journalistischen Qualität bleibt trotzdem eine schwierige und vielschichtige Angelegenheit. Erste Versuche, Qualität für die Printmedien zu definieren, fanden erst Anfang der 90er Jahre statt. Bei der Befragung von 350 Redakteuren ermittelte eine Arbeitsgruppe des Dortmunder Instituts für Journalistik zentrale Richtlinien zur Beurteilung von journalistischer Qualität (Rager/Haase/Weber 1994). Sie kamen zu dem Schluß, daß eine Ausgewogenheit zwischen den Kriterien Richtigkeit, Vermittlung, Aktualität und Relevanz nötig ist.

Richtigkeit

Die Richtigkeit zählt eindeutig zu den wichtigsten Qualitätsmerkmalen. Das geht nicht nur aus der Befragung der Dortmunder Arbeitsgruppe hervor, sondern wird auch von Lesern, im Medienrecht und im Pressekodex des deutschen Presserates gefordert. Zu den wesentlichen Merkmalen, die unter Richtigkeit zusammenzufassen sind, zählt, daß Artikel keine sachlichen und logischen Fehler enthalten. Außerdem sollte die Meinung zum Thema möglichst vollständig und ohne Verzerrungen wiedergegeben werden. Damit ist der Bereich Recherche/Gegenrecherche hinsichtlich verschiedener Quellen angesprochen.

Bei der Ermittlung von Richtigkeit als Qualitätsmerkmal muß beachtet werden, daß die Richtigkeit sich aus Wahrheit und Genauigkeit zusammensetzt. Diese beiden Merkmale lassen sich nur im Vergleich einer Aussage mit einer zweiten feststellen (Hagen 1995, S. 105). Ein Beispiel: Die Aussage, die Entfernung zwischen Dortmund und Frankfurt betrage 200 Kilometer, ist falsch, wenn es tatsächlich 220 Kilometer sind. Sie ist aber genauer als zu sagen, die Entfernung beträgt gut 200 Kilometer.

Daran wird deutlich, daß bei komplexeren Zusammenhängen als bei der Entfernung zweier Städte die Beurteilung der Wahrheit für Journalisten oftmals nicht zu leisten ist.

Deshalb hilft in Zweifelsfällen nur, widersprüchliche Informationen oder Quellen vollständig darzulegen, transparent zu machen und sie gegenüberzustellen. Für den Leser ist entscheidend, daß er Wertungen erkennen kann, der Journalist muß sie entweder kennzeichnen oder im nachrichtlichen Genre auf sie verzichten.

Vermittlung

Die Vermittlungsleistung besteht darin, die Verbindung zwischen dem Journalisten und seinem Publikum herzustellen. Dabei übernimmt der Journalist die aktive Rolle. Er muß dafür sorgen, daß die Information beim Leser ankommt. Das heißt, der Schreiber muß nicht nur Leseanreize geben, sondern die übermittelten Informationen auch verständlich darstellen. Unter den Punkt Vermittlung fallen vier wesentliche Aspekte:

- Verständlichkeit
- Gestaltung des Produktes
- Wahl des Genres
- Individueller Leseanreiz (z.B. Human-Interest-Faktoren)

Die Verständlichkeit ist nach der obengenannten Untersuchung von Bernd Weber und Günther Rager der wichtigste Aspekt der Vermittlung. Zu diesem Ergebnis kamen die befragten Journalisten: 98 Prozent hielten es sogar für nötig, daß ein Artikel gänzlich ohne Vorwissen verständlich sein muß (Rager/Weber/Haase 1994, S. 8). Das setzt eine erhebliche Reflexion des Journalisten in bezug auf Zielgruppe, Wortwahl und Genre voraus. Die Untersuchung bestätigt, daß sich guter Stil der Verständlichkeit unterordnen muß. Die Zeitungslektüre zeigt jedoch, daß offenbar trotz guten Willens die Umsetzung auf der sprachlichen Ebene Schwierigkeiten bereitet.

Diese Diskrepanz zwischen Anspruch und Wirklichkeit findet sich in großen Teilen der journalistischen Fachliteratur wieder. Verständlichkeit wird häufig vereinfachend mit Kürze gleichgesetzt:

> „Bei allem Mißtrauen gegen mechanisches Wörterzählen, bei allen Vorbehalten gegen die unkritische Empfehlung kurzer Sätze sollten wir uns die Chance nicht entgehen lassen, die in der Kürze liegen kann."
> (Schneider 1984, S. 85)

Bei der Gestaltung des Produktes wird vor allem die Sinnlichkeit des Lesers angesprochen. Dazu dienen bei Printmedien u.a. die optische Gliederung des Textes sowie zusätzliche Fotos und Infografiken.

Die Wahl des Genres hängt von der Funktion des Artikels ab. Hier muß der Journalist entscheiden, mit welcher journalistischen Aussageform er den Inhalt am besten transportieren kann. Die Entscheidung für ein Genre ist aber nicht losgelöst von der Zielgruppe zu treffen und ist außerdem eng mit der Wahl bestimmter sprachlicher Mittel verknüpft.

Individuelle Leseanreize erleichtern den Journalisten, ihrem Publikum ein Thema zu vermitteln. Leseanreize sind etwa Human-Interest-Elemente: Zu den Themen, die die Leser offenbar besonders interessieren, gehören Kuriosität, Konflikt, Humor, Romantik, Spannung, Sympathie, Alter, Sex, Wissenschaft, Abenteuer, Risiko, Tragödie, Tiere (Weischenberg 1988, S. 21f.).

Aktualität

Die Suche nach dem aktuellen Aufhänger wird manchem interessanten Thema zum Verhängnis: Denn fehlt der aktuelle Anlaß, gibt es auch keinen Grund, den Text zu veröffentlichen. Das ist die Kehrseite des geforderten Aktualitätsprinzips im Journalismus. Auch in Wissenschaft, Kultur und Politik werden der Öffentlichkeit Themen vermittelt, aber der Journalismus ist besonders stark an die unmittelbare Gegenwart gebunden.

Der hohe Stellenwert von Aktualität ist im journalistischen Alltag unumstritten. Er erscheint den befragten Redakteuren offenbar als so selbstverständlich, daß sie der Richtigkeit und Vermittlung untergeordnet worden ist. Die Aktualität gerät im Redaktionsalltag häufig in Konflikt mit gewissenhafter Informationsbeschaffung: Oft muß die sorgfältige Recherche zugunsten des schnellen Publizierens zurücktreten (Weber/Rager/Haase 1994, S. 10).

In der Journalismusforschung wird zwischen *klassischer* und *latenter* Aktualität unterschieden. Klassische Aktualität bezeichnet die zeitliche Nähe zwischen einem Ereignis und der Berichterstattung darüber. Daraus folgt: Je schneller ein Thema aufgegriffen wird, desto höher ist die Qualität des Artikels unter dem Aspekt der Aktualität.

Bei der latenten Aktualität sind die Themen nicht an die unmittelbare Gegenwart gebunden. Darunter fallen zur Zeit Themen wie Arbeitslosigkeit, Wohnungsnot oder Fremdenfeindlichkeit. Sie sind aufgrund ihrer gesellschaftlichen Bedeutung immer aktuell, werden aber anhand eines aktuellen Anlasses aufgearbeitet. Dieser wird meist durch öffentliche Anlässe wie Parlamentsdebatten, Gerichtsverfahren oder Pressekonferenzen geliefert. Darüber hinaus können Redaktionen den aktuellen Bezug auch selbst schaffen, zum Beispiel durch Recherche (Fischer 1995, S. 54f.).

Relevanz

Die Relevanz eines Themas beschreibt die Bedeutung für den Leser. Daraus ergibt sich die Gewichtung: Welches Thema wählt der Journalist aus, wo plaziert er den Artikel, welche Länge gibt er ihm, welche Quellen nutzt er? Die Relevanz ist ein Selektionskriterium, mit dem Themen und einzelne Fakten für einen Text ausgewählt werden. Eine einfachere Definition von Relevanz lautet:

> „Ein Sachverhalt oder Vorgang ist nie an sich und aus sich heraus relevant oder bedeutsam, sondern immer nur in bezug auf etwas anderes." (Schatz/Schulz 1992, S. 696)

Erstaunlicherweise schätzten die 350 befragten Journalisten dieses Qualitätsmerkmal als nicht besonders wichtig ein: Sie setzten es sogar an die letzte Stelle der Prioritätenliste. Vermutlich sehen Redakteure die Relevanz ebenso wie die Aktualität bei ihrer täglichen Arbeit als selbstverständlich an.

2.2 Der Weg zur erfolgreichen Vermittlung

Die Fachliteratur beschäftigt sich auf sehr unterschiedlichen Niveaus mit Verständlichkeit. Dies reicht von subjektiven Vorschlägen bis zu ausgearbeiteten Modellen, mit denen sich die Verständlichkeit sogar in Zahlenwerten ausdrücken läßt (Anmerkung 1).

Populärwissenschaftliche Anleitungen für die Verständlichkeit findet man u.a. in Büchern wie *Stilkunst* von Reiners oder in den zahlreichen Veröffentlichungen von Schneider wie *Deutsch für Profis*. Darin werden Tips gegeben wie *Hauptsachen in Hauptsätze, Klarheit heißt Verständlichkeit,* oder man solle *den roten Faden* beim Schreiben fest in der Hand halten. Das Problem dieser Ratschläge ist die fehlende Systematik. Zudem wurden sie bislang nicht mit den Erkenntnissen der Leserforschung zusammengeführt.

Im folgenden wird ein Verständlichkeitsmodell entwickelt, das speziell für Journalisten und ihre Texte geeignet ist: Es verbindet Kriterien für die Produktion des Artikels mit Hinweisen auf die Zielgruppe. Als Grundlage dafür dient das sogenannte Hamburger Modell (Langer/Schulz von Thun/Tausch 1993). Die Hamburger Forscher haben das Modell nicht nur theoretisch erdacht, sondern durch Untersuchungen belegt, wie das Verständnis der Leser durch verbesserte Texte zunimmt.

Das Hamburger Modell baut darauf auf, daß dem Schreiber bewußt wird, wie seine Ausdrucksweise auf die Leser wirkt. Die Autoren geben Beispiele für schwer verständliche Texte aus Schulbüchern, Ämtern, Versicherungen und wissenschaftlichen Beiträgen. Sie berücksichtigen aber keine journalistischen Artikel. Zwar kann man annehmen, daß Journalisten reflektierter mit Sprache umgehen als Vertreter von Behörden, aber es besteht bei ihnen die Gefahr, daß sie sich ihrer sprachlichen Fähigkeiten zu sicher sind. Die Autoren unterscheiden zwischen vier sogenannten Verständlichmachern (Anmerkung 2).

Einfachheit

Dieses Merkmal bezieht sich auf Wortwahl und Satzbau. Es setzt sich zusammen aus kurzen, einfachen Sätzen und geläufigen Wörtern. Fachwörter werden erklärt und veranschaulicht. Optimal ist, wenn alle Forderungen im Text erfüllt sind. Die Einfachheit eines Textes ist am wichtigsten, da ein komplizierter Text grundsätzlich schwer verständlich ist. Trotzdem ist ein Wechsel zwischen kürzeren und längeren Sätzen empfehlenswert, damit keine Monotonie aufkommt (Anmerkung 3).

Gliederung/Ordnung

Die Forderung betrifft die innere und äußere Gliederung. Ihr kommt ebenfalls ein hoher Stellenwert zu. Inhaltlich entscheidend ist, daß die Gedanken folgerichtig aufgebaut werden. Der Schreiber muß zwischen wesentlichen und unwesentlichen Aussagen unterscheiden. Auf keinen Fall darf eine Zusammenhanglosigkeit im Text entstehen. Zur äußeren Übersicht verhelfen Absätze, Hervorhebungen, Zwischenüberschriften und Zusammenfassungen. Dies ist vor allem bei Texten notwendig, die nicht schon wegen ihres Inhaltes eine klare, äußere Gliederung aufweisen.

Kürze/Prägnanz

Dieses Kriterium setzt sich aus der Länge des Textes und dem Informationsziel zusammen. Der Autor muß sich auf das Wesentliche beschränken, kurz und gedrängt schreiben und jedes Wort im Text auf seine Notwendigkeit überprüfen, aber sehr knappe Texte können genauso schwer verständlich wie langatmige oder ausschweifende Artikel sein.

Anregende Zusätze

Mit Zitaten, Personalisierungen von Geschichten oder Serviceinformationen versucht der Autor, das Interesse und die Aufmerksamkeit des Lesers zu gewinnen. Die Gefahr der anregenden Zusätze ist, daß der Schreiber den Text überfrachtet. Sie müssen deshalb auf die anderen Kriterien abgestimmt werden:

> „Es hängt ab von der Ausprägung der anderen Merkmale, vor allem von Gliederung - Ordnung. Ist ein Text gut gegliedert, so tragen Anregende Zusätze zum Verständnis und zur Lust am Lesen bei. Bei ungegliederten Texten wirken sie jedoch schädlich, indem sie die Verwirrung noch erhöhen." (Langer/Schulz von Thun/Tausch 1993, S. 27)

Die vier Verständlichmacher ergeben jedoch nicht isoliert voneinander Sinn, sondern führen erst in ihrem Zusammenspiel zu optimaler Verständlichkeit. Tests haben die Anwendbarkeit des Hamburger Modelles bewiesen. Demnach erzeugen verständlich geschriebene Texte mehr Zufriedenheit und Interesse beim Leser. Es stellte sich beim Lesen ein Erfolgsgefühl ein, weil sie bei verständlichen Texten durchschnittlich 50 Prozent mehr vom Inhalt behalten haben (Langer/Schulz von Thun/Tausch 1993, S. 147ff.).

Das Hamburger Modell ist sehr anwenderfreundlich: Für Journalisten bietet es einen Anreiz, die vier Kategorien bewußt beim Schreiben eines Textes zu überprüfen. Ein Mangel besteht jedoch darin, daß sich die Kriterien für die Verständlichkeit nur auf den Text beziehen. Das Modell läßt sowohl den Leser als auch den Journalisten und die Bedingungen der Informationsvermittlung außer acht. Aber gerade diese Punkte spielen mit in den Vorgang der Verständigung zwischen Journalist und Leser hinein. Obwohl Aspekte wie eine Einschätzung über das Vorwissen der Leser oder die Interpretation bestimmter Aussagen nicht meßbar sind, tragen sie entscheidend mit dazu bei, ob ein Artikel verstanden wird oder nicht.

Journalist/Leser

Das Hamburger Modell muß erweitert werden, damit jenseits der Textebene gleichberechtigt Journalisten und Leser sowie die Bedingungen der Informationsvermittlung berücksichtigt werden. Die Rahmenbedingungen zwischen Journalist und Leser sind von einer fast einseitigen Kommunikation geprägt: Rückmeldungen von Lesern wie Leserbriefe und Telefonanrufe können nicht als Austausch gewertet werden. Dies verdeutlicht die in der Regel eher passive - eben rezipierende - Haltung des Lesers. Es kann leicht zu Mißverständnissen zwischen Leser und Schreiber kommen. Deshalb muß der Journalist an seine Zielgruppe denken. Im allgemeinen wissen die Journalisten nur wenig über ihre Leser. Hilfreich sind Studien über die Zusammensetzung der Leserschaft, ihre Interessen und ihr Leseverhalten. Schwierig bleibt für den Journalisten die Einschätzung, wie der Leser den Text interpretiert. Dafür ist das erweiterte Verständlichkeitsmodell eine gute Anleitung.

Da es im Journalismus nicht nur einen Weg gibt, dem Leser eine Information zu vermitteln, spielt hinsichtlich der Verständlichkeit die Wahl des Genres eine wichtige Rolle. Für nachrichtliche Texte ist das erweiterte Verständlichkeitsmodell ein praktikables Hilfsmittel. Bei Kommentaren, Reportagen, Features oder Glossen ist es eingeschränkt anzuwenden, denn eine Reportage lebt beispielsweise viel mehr von anregenden Zusätzen als eine Meldung. Außerdem spielt bei diesem Genre die Kürze/Prägnanz keine so große Rolle.

Verständlichkeitsmodell für Journalisten

Journalist
- Funktion des Textes
- Beachtung der Zielgruppe

Rahmenbedingungen der Informationsvermittlung

Einseitige Kommunikation

| Einfachheit | Gliederung/Ordnung |

| Kürze/Prägnanz | Anregende Zusätze |

Leser
- Vorwissen
- Interpretation

Beispiele: Verständlichkeit

TransMIT

Die »Patentoffensive« wird fortgesetzt

Gießen Innovation in Wirtschaft und Technologie wird nicht nur von Politikern allenthalben angemahnt, sondern in Mittelhessen seit kurzem auch tatkräftig gefördert: Die Gießener TransMIT-Gesellschaft für Technologietransfer, ein Unternehmen des hochschulgestützten Transferzentrums Mittelhessen, startete Anfang des Jahres eine Offensive zur Patent- und Innovationsberatung, mit der man nun an die Öffentlichkeit ging.

Ziel der Aktion soll es sein, so TransMIt-Leiter Dr. Ulrich Indl gestern im Pressegespräch, Innovationsförderung aktiv zu betreiben, indem die Gesellschaft einerseits als Schnittstelle zwischen den Wissenschaftlern an den Instituten und den mittelhessischen Betrieben fungiert, das Transferzentrum aber andererseits auch den Kenntnisstand der Forscher in bezug auf patentrechtliche Fragen fördert. Nur die Eintragung einer Erfindung als Patent schützt den Urheber letztlich vor dem Diebstahl seiner Idee.

So will die Patent- und Innovationsberatung des TransMIT nicht nur die Forschungsergebnisse der drei mittelhessischen Hochschulen für die Möglichkeit einer wirtschaftlichen Verwertung aufbereiten, sondern auch den Patentgedanken an den Universitäten und unter den freien Entwicklern stärken. Im vergangenen Wintersemester fanden an den Fachbereichen Seminarveranstaltungen zum Thema Patentwesen statt. Referent Dr. Philipp Stein, Leiter der Abteilung Patente und Verträge der Marburger Behringwerke, beklagt, daß in der Regel im Verlauf des Studiums kaum etwas über Patentrecht zu erfahren sei. Die Seminarreihe soll auch in den kommenden Semestern fortgesetzt werden, an der Fachhochschule Gießen-Friedberg wird das Thema sogar als Wahlpflicht angeboten. Das Bundesforschungsministerium fördert diese Maßnahmen bundesweit mit 200 000 Mark pro Semester. Wichtig: Seit Anfang 1997 besteht in Gießen und demnächst auch in Marburg die Möglichkeit einer umfassenden Patentrecherche. Angehende Patentinhaber können sich auf diesem Weg über bereits bestehende Patente informieren. Möglich wird dies in Gießen durch die Kooperation mit dem Patentinformationszentrum (PIZ) Kassel. Die dortigen Datenbanken stehen »online« nun auch hier zur Verfügung.

Hat der Erfinder patentrechtlich alle Hausaufgaben gemacht, steht ihm das Transferzentrum auf dem Weg zum Patent auch weiter zur Seite: Die Zusammenarbeit des Zentrums mit der Fraunhofer Gesellschaft für die deutsche Forschung eröffnet, nach eingehender Prüfung der Erfolgsaussichten des Antrags, die Möglichkeit einer finanziellen Unterstützung bei der Patentanmeldung, die für jedes Land, in dem das Patent Gültigkeit haben soll, etwa 10 000 Mark kosten kann. Wer seine Erfindung lieber selber vermarkten möchte, kann sich allerdings ebenfalls an die TransMIt wenden. Das Unternehmen, zu dessen Gesellschaftern auch hiesige Banken gehören, bemüht sich dann um die Vermittlung des »Risikokapitals«. Daß sich eine gründliche Beschäftigung mit Patentfragen auf jeden Fall lohnt, zeigt alleine diese Zahl: 24 Milliarden Mark werden jedes Jahr ausgegeben, weil Wissenschaftler aufwendig versuchen, Dinge zu entwicklen, die es woanders schon längst gibt.

Text 3

Einschätzung

Einfachheit

Der Artikel ist geprägt von verschachtelten Sätzen, in denen der Autor wissenschaftliche Fachwörter aneinanderreiht. Allein der erste Satz hat 49 Wörter. Der Leser erfährt nicht den Zusammenhang zwischen der Forderung nach Innovation - was immer sich hinter diesem Wort verbirgt - und der anstehenden *Innovations- und Patentberatung*. Wörter wie *Innovation, Technologie* und *Technologietransfer* werden zwar heute häufig benutzt, doch sind sie weit vom Anspruch nach konkreter, anschaulicher Ausdrucksweise entfernt. Dem Verfasser gelingt es nicht, das Thema allgemeinverständlich und anschaulich darzustellen. Viel zu spät wird im Text deutlich, daß sich hinter der Abkürzung *TransMIT* das *Transferzentrum Mittelhessen* verbirgt. Welche Aufgaben es hat, bleibt im Verlauf des gesamten Textes offen. Der zweite Satz beginnt vielversprechend mit der Formulierung *Ziel der Aktion soll es sein.* Hier hofft der Leser zu erfahren, worum es bei der angekündigten *Offensive* geht.

Aber selbst mit 51 Worten bleibt der Zusammenhang zwischen *Innovationsförderung, Wissenschaftler, Mittelhessischen Betrieben, Transferzentrum und patentrechtliche Fragen* abstrakt und unklar. Die Forderung nach Einfachheit ist demnach in diesem Artikel nicht erfüllt.

Gliederung/Ordnung

Der Autor wählt keinen prägnanten Einstieg, in dem er die zentrale Aussage des Artikels bündelt. Vielmehr beginnt er mit einer allgemeinen Einschätzung der Situation in Mittelhessen. Die einzige Neuigkeit für den Leser des ersten Absatzes ist die Information, daß die *TransMIT-Gesellschaft* eine *Offensive gestartet* hat.

Im zweiten Absatz erfährt der Leser, daß ihr Ziel die *Innovationsförderung* ist. Konkrete Schritte dieser Förderung werden erst sehr viel später im dritten Absatz genannt. Bis dahin setzt der Journalist keinerlei Schwerpunkte und kreist um das eigentliche Thema, ohne es an konkreten Beispielen festzumachen. Diese fehlende inhaltliche Ordnung spiegelt sich in Sprache und Satzbau wider.

Bei einem so schwierigen Thema muß der Autor inhaltlich gliedern und nicht durch Schachtelsätze zusätzliche Verständnisschwierigkeiten schaffen. Aber auch optisch ist der Artikel nicht gegliedert: Der Text, der 70 Zeilen lang ist, ist einspaltig gesetzt, ohne Bild und ohne Zwischenzeilen. Der Journalist arbeitet lediglich mit Absätzen, der erste kommt nach dem einführenden Satz, der mit 49 Wörtern sehr lang ist.

Kürze/Prägnanz

Die Länge der Sätze und des gesamten Textes lassen unmittelbar eine Bewertung dieses Verständlichmachers zu: Der Text ist weder kurz noch prägnant. Denn durch die vielen Worte und ausschweifenden Sätze wird er nicht erklärender, sondern komplizierter. Das hängt auch damit zusammen, daß der Autor zum größten Teil mit fachsprachlichen Ausdrücken arbeitet.

Anregende Zusätze

Der Autor gibt weder Beispiele, Zitate noch einen interessanten Einstieg, um den Leser für das Thema zu gewinnen. Auch auf eine Bebilderung hat er verzichtet. Eine gute Möglichkeit, den Inhalt verständlicher darzustellen, wäre gewesen, die *Patentoffensive* an einer tatsächlichen Person und ihrer Erfindung festzumachen.

Journalist/Leser

Auch die Funktion des Textes hat der Autor wenig berücksichtigt: Er soll einen schwierigen Sachverhalt anschaulich und einfach erklären. Dabei darf er bei seinen Lesern kein Vorwissen voraussetzen, indem er fachsprachliches und verallgemeinerndes Vokabular verwendet, ohne es zu erläutern.

Vorschlag

Erfindung lag zu lange in der Schublade: Experten helfen bei Patentanmeldungen

Sechs Jahre lang hat Michael Reuter (Anmerkung 4) jeden Tag an seiner Erfindung gearbeitet: Der 34jährige Optiker entwickelte Brillengläser, die nicht beschlagen und verkratzen. Aber beim Patentamt erwartete ihn der Schock: „Zwei Jahre vor mir hat schon ein anderer das Patent für meine speziellen Brillengläser angemeldet", sagt Reuter.

So wie ihm geht es vielen Erfindern. Pro Jahr werden rund 24 Milliarden Mark in Erfindungen gesteckt, die es schon längst gibt. Der Gießener Ableger der mittelhessischen Transfergesellschaft (TransMIT) will Wissenschaftler und Unternehmen künftig vor solchen Enttäuschungen bewahren. TransMIT-Leiter Ulrich Indl stellte gestern der Öffentlichkeit die seit Anfang des Jahres laufenden Bemühungen vor. Damit reagiert TransMIT auf eine weitverbreitete Kritik. „Die meisten Studenten erfahren während ihres Studiums überhaupt nichts über Patentrecht", bemängelt Philipp Stein, Leiter der Abteilung Patente und Verträge der Marburger Behring-Werke. Das will TransMIT in Mittelhessen ändern:

*   Seit vergangenem Winter gibt es an den Hochschulen Seminare zum Thema Patentwesen. Der Bundesforschungsminister gibt dafür bundesweit 200.000 Mark pro Semester dazu.

*   TransMIT geht an die Hochschulen und schaut sich den Stand der Forschungen zu Erfindungen an. Die Experten prüfen außerdem, ob sich die Ideen der Studenten umsetzen und vermarkten lassen.

- Wer seine Erfindung lieber selbst anbieten möchte, kann dies mit Unterstützung von TransMIT versuchen. Die Gesellschaft bemüht sich bei Banken um die nötigen Kredite.

- Die Erfinder können sich seit Anfang '97 mit Hilfe einer Datenbank darüber informieren, ob ein anderer Erfinder schneller war mit der Patentanmeldung. Diesen Service bietet TransMIT zusammen mit dem Patentinformationszentrum (PIZ) in Kassel an.

- TransMIT vermittelt Zuschüsse der Fraunhofer Gesellschaft. Die gewährt bei besonders guten Ideen Zuschüsse für die Patentanmeldung. Das Patent kostet in jedem Staat, in dem es gültig sein soll, rund 10.000 Mark.

Für Michael Reuters Brillenpatent kommen diese Angebote zu spät. Doch er läßt sich nicht entmutigen: „Ich hab' schon wieder neue Pläne für ein Patent in der Schublade."

Die „AC/DC"-Coverband aus Frankfurt ließ die frühen Zeiten der Hardrocker hochleben

Schrille Reibeisenstimme, hart im Sound und viel „TNT" von „Hole full of Love"

Herborn-Seelbach
Auch wenn es im Gehabe manchmal ein „Touch to much" war, so ließ die Band „Hole full of Love" am Samstag in „Deckers MusicHall" in Seelbach die frühen Zeiten von „AC/DC" regelrecht auferstehen.

Ein Sänger mit einer Stimme wie der leider schon auf dem „Highway to Hell" abgereiste Bon Scott und ein Lead-Gitarrist, dem eigentlich nur noch die Schul-Uniform fehlte, um Angus Young gekonnt zu dou-

beln – die Band „Hole full of Love" zündete in der „MusicHall" viel musikalisches „TNT" mit den Klassikern der harten Jungs aus der Zeit Ende der 70er Jahre. Die Ähnlichkeit zum australischen Original – hart der Sound, schrill die Reibeisenstimme – war verblüffend. Schließlich ist die Frankfurter Formation der legitime Nachfolger der ehemaligen „AC/DC"-Coverband „Easy Daisy", die sich vorzüglich auf Gleich- und Wechselstrom verstand.

Das Publikum in „Deckers MusicHall" bekam am Samstag „AC/DC" satt: Die Frankfurter Formation „Hole full of Love" brachte alte Songs in einem Sound auf die Bühne, der dem von Bon Scott und Angus Young verblüffend ähnlich war. (Fotos: Götz Konrad)

Text 4

Einschätzung

Einfachheit

Der Artikel ist in einfachen und kurzen Sätzen geschrieben, so daß die Forderung nach Einfachheit auf der Satzebene erfüllt ist. Allerdings entspricht der Text nicht der Forderung nach einfacher Wortwahl. Das Problem taucht nicht - wie in vielen anderen Texten - in Form von fachsprachlichen Wörtern, sondern im Gebrauch von englischen Ausdrücken auf, die offensichtlich nur Kenner der Hard Rock-Gruppe AC/DC verstehen. Dazu gehören „Touch to much", „Highway to hell" und „TNT".

Bei diesen Zitaten handelt es sich vermutlich um Titel der Gruppe AC/DC, die die Frankfurter Rockgruppe „Hole full of Love" nachspielt. Der Autor übertreibt aber seine Liebe zu Zitaten. Dadurch wird der Text unlogisch.

Zunächst wird in der Überschrift schon gegen grundlegende grammatikalische Regeln verstoßen: Die Satzstellung ist falsch und dadurch verwirrend.

Richtiger wäre: „Hole full of Love": schrille Reibeisenstimme, hart im Sound und mit viel „TNT". Unklar bleibt auch, ob es sich bei „TNT" um einen Liedtitel handelt oder ob im übertragenen Sinne die Kraft des Sprengstoffes hinsichtlich des Musikstils gemeint ist.

Schließlich erwähnt der Journalist mit Bon Scott und Angus Young zwei Mitglieder der Rockgruppe AC/DC. Um zu verstehen, was Bon Scott auf dem „Highway to Hell" macht und was die Schuluniform mit Angus Young zu tun hat, muß der Leser die Gruppe kennen. Dazu gehört auch die witzig gemeinte Anspielung, daß die Band sich auf Gleich- und Wechselstrom verstand. Nur AC/DC-Fans ist klar, daß sich hinter dem Namen der Gruppe der englische Ausdruck für Gleich- und Wechselstrom verbirgt.

Da der Schreiber seine Anspielungen, meist auch noch in Englisch, nicht erklärt, ist der Text trotz seines einfachen Satzbaus keineswegs leicht verständlich.

Gliederung/Ordnung

An dem Aufbau des Textes ist nichts auszusetzen. Die Probleme der inneren Gliederung ergeben sich erst aus der Schwierigkeit der Formulierungen. Die äußere Gliederung mit Dachzeile, Überschrift, Vorspann, zwei Fotos ist dem Thema angemessen.

Kürze/Prägnanz

Der Artikel ist mit 31 Zeilen nicht lang, trotzdem kann man nicht behaupten, daß er prägnant ist. Dieser Mangel entsteht durch die schon erwähnte Verwendung englischer Zitate, zum anderen durch die nicht treffenden und dadurch verwirrenden Anspielungen.

Anregende Zusätze

Der Journalist wollte offenbar durch die Anspielungen, Zitate und sein eigenes Vorwissen über die Gruppe AC/DC den Rezipienten zum Lesen anregen. Der Text soll locker und flapsig erscheinen. Die Formulierungen erschweren jedoch das Verständnis, der Verständlichmacher ist deshalb nicht geglückt.

Journalist/Leser

Der Journalist zeigt mit seinem Artikel, daß er gut über die Rockgruppe AC/DC informiert ist. Dieses Wissen will er in seinen Text einfließen lassen. Damit spricht er eine Zielgruppe mit sehr viel Vorwissen an. Wer sich jedoch nur für die Coverband interessiert und nicht die Vorgeschichte kennt, versteht den Text nur teilweise. Dadurch schließt der Autor eine große musikinteressierte, aber nicht spezialisierte Zielgruppe von vornherein aus. An dem Text wird schließlich deutlich, daß sich das Verständlichkeitsmodell nicht nur auf rein nachrichtliche Texte anwenden läßt, sondern auch auf Artikel mit wertenden Elementen.

Vorschlag

Hard Rock von AC/DC schallt durch ehemaligen Kuhstall

Laut und schrill ging es gestern im sonst so beschaulichen Seelbach zu: In Deckers MusicHall, früher ein Kuhstall, ließ die Frankfurter Band „Hole full of Love" ihre Vorbilder wieder aufleben. Die Musiker bearbeiteten ihre Gitarren wie die australische Hard Rock-Gruppe AC/DC Ende der 70er Jahre. Wer die Augen schloß, hatte das Gefühl, den längst verstorbenen Sänger Bon Scott vor sich zu haben: So gekonnt imitierte der Frontmann das Idol. Die Fans tobten, als die Hits „Highway to Hell" und „TNT" gespielt wurden.

Visumpflicht für Kinder soll Kosten senken

25 alleinstehende Ausländerkinder im Kreis · Land bezahlt

Marburg. Im Landkreis leben etwa 25 ausländische Jugendliche, die ohne ihre Eltern nach Deutschland kamen.

von unseren Redakteuren

Deren Unterbringung kostet jährlich 2,5 Millionen Mark, die der Landkreis nach Auskunft von Sozialdezernent Thomas Naumann allerdings vom Land Hessen oder von überörtlichen Jugendhilfeträgern erstattet bekommt. Der Kreis müsse lediglich die Verwaltungskosten tragen.

Seit dem 15. Januar gilt für zunächst drei Monate eine auf Kostensenkung abzielende Verordnung des Bundesinnenministers Manfred Kanther. Danach müssen Kinder unter 16 Jahren, die aus der Türkei, Ex-Jugoslawien, Marokko und Tunesien nach Deutschland ohne ihre Eltern einreisen, künftig ein Visum besitzen.

Die befristete Verordnung sieht außerdem vor, daß Kinder unter 16 Jahren aus diesen Ländern, die mit ihren El-

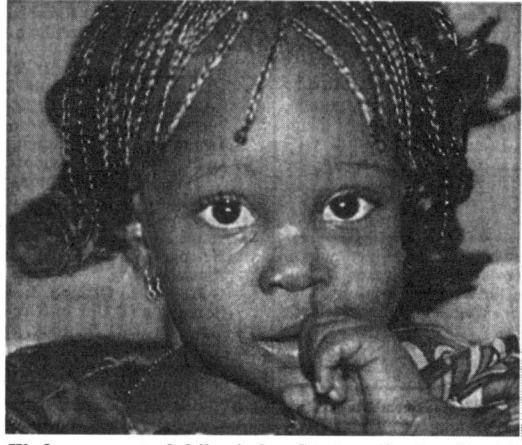

Kinder aus zentralafrikanischen Staaten, die ohne ihre Eltern nach Deutschland einreisen wollten, benötigten schon immer ein Visum. Diese Pflicht ist jetzt ausgeweitet worden.
Foto: Uwe Brock

tern in Deutschland leben, bis zum 31. Dezember 1997 im Bundesgebiet eine Aufenthaltsgenehmigung beantragen müssen.

Im Landkreis Marburg-Biedenkopf müssen dann laut Kreisverwaltung rund 1 200

Kinder und Jugendliche einen Antrag stellen. Allein in Marburg und in Stadtallendorf werden davon jeweils 200 Kinder und Jugendliche betroffen sein.

Mehr im LOKALTEIL

Text 5

Einschätzung

Einfachheit

Die Autoren verwenden zum größten Teil Hauptsätze, höchstens ein untergeordneter Nebensatz kommt vor. Die Wortwahl ist dem Thema angemessen: Die Verfasser verwenden geläufige Wörter und verzichten auf Fachtermini. Die Fach- und Fremdwörter wie *Visum, Verordnung, Aufenthaltsgenehmigung* sind notwendig, um das Thema korrekt wiederzugeben, weil es sich um feststehende und juristisch definierte Begriffe handelt.

Gliederung/Ordnung

Schon wer Überschrift, Unterzeile und Vorspann liest, hat die wichtigsten Informationen zum Thema *Visumpflicht für ausländische Kinder soll Kosten senken* erhalten. Der Inhalt, der vermittelt werden soll, ist gut verständlich angeordnet. Darüber hinaus wird der Artikel optisch durch ein großes Foto aufgelockert. Relativ kurz hintereinanderfolgende Absätze erleichtern den Lesefluß. Die inhaltliche Ordnung steht in Einklang mit der äußeren Gliederung. Der Leser wird von den Autoren bewußt zum Thema geführt, indem das Interesse durch einen lokalen Aufhänger geweckt wird. *Wie ist die Situation in Marburg und Umgebung?* Anschließend stellen die Autoren das Thema in den übergeordneten Zusammenhang, erläutern die neuen Vorschriften für das gesamte Bundesgebiet und kommen zuletzt auf die Konsequenzen für die eigene Region zurück.

Kürze/Prägnanz

In 45 Zeilen gelingt es den Autoren, sowohl die neue Verordnung zu erklären als auch die Konsequenzen für die Region zu beschreiben. Sie erklären das Thema direkt und konkret. Die Forderung nach Prägnanz ist in diesem Artikel erfüllt.

Anregende Zusätze

Bis auf ein großes Foto haben die Autoren auf anregende Details, Beispiele oder Zitate verzichtet. Ein Pluspunkt ist allerdings in dieser Hinsicht, daß ein bundesweites Thema auf die Region bezogen wird. Die Journalisten hätten die Verordnung auch an einem Kind in Marburg festmachen können. So wäre interessant gewesen, wo und wie diese Kinder leben. Dies wäre auf Kosten der Textlänge gegangen, die persönliche Situation eines betroffenen Kindes hätte aber bestimmt viele Leser zusätzlich zum Lesen veranlaßt.

Journalist/Leser

Die Autoren haben die angemessene Form gefunden, die Einführung der Visumpflicht leicht verständlich zu erklären. Um möglichst viele Leser zu erreichen, haben sie das Thema auf die eigene Region ausgerichtet, kein Vorwissen vorausgesetzt und sind damit der Forderung nachgekommen, ihre Zielgruppe zu beachten.

Checkliste

- Einfachheit: Geläufige Wörter, keine Schachtelsätze, Fach- und Fremd-
  wörter erklären
- Kürze/Prägnanz: Beschränkung auf das Wesentliche, jedes Wort im
  Text hat eine Funktion, Vorsicht vor Weitschweifigkeit
- Gliederung/Ordnung: Inhaltliche und optische Gliederung, logischer
  Textaufbau
- Anregende Zusätze: wörtliche Rede, Personalisierung, Abwechslung in
  Wortwahl und Satzbau
- Zielgruppe: Vorwissen der Leser berücksichtigen, im Zweifel so einfach
  wie möglich schreiben, eindeutigen Ausdruck wählen
- Aussageabsicht: Sprache der Funktion und Aussageabsicht anpassen
- Ein verständlicher Text fordert das Zusammenspiel aller Merkmale,
  denn auch ein kurzer Text kann schwer verständlich sein, wenn die Sät-
  ze verschachtelt sind oder Fach- und Fremdwörter nicht erklärt werden

3 Einflüsse auf die journalistische Sprache

Will man einzelne Sprachbausteine auf Verständlichkeit und guten Stil überprüfen, muß zunächst geklärt werden, was die journalistische Sprache ausmacht: Sie ist im wesentlichen von der Literatursprache mit ihren zahlreichen Stilfiguren und dem typischen Vokabular der Fachsprachen geprägt. Im folgenden wird der Einfluß dieser beiden Strömungen untersucht, die sich grundlegend in Geschichte, Form und Bedeutung unterscheiden. Mit einer ausführlichen Analyse dieser beiden Sprachebenen wird der Journalist angeleitet, das unterschiedliche Vokabular im Alltag erkennen und bewerten zu können.

Die Sprache der Literatur war die Grundlage für die Entstehung der journalistischen Sprache. Bis zum Beginn des 20. Jahrhunderts gab es das Berufsbild des Journalisten nicht, vielmehr dominierten Schriftsteller den Zeitungsjournalismus. Auf der anderen Seite entstanden seit den 60er Jahren mit der wachsenden Bedeutung von Wissenschaft und Technik zahlreiche Fachsprachen.

3.1 Literatur versus Journalismus

Literatur und Journalismus bedienen sich beide desselben Sprachinventars, das heißt sie verwenden grundsätzlich keinen anderen Wortschatz. Fast alle literaturwissenschaftlichen Ansätze versuchen, das Verhältnis von Literatur und Journalismus durch Wertungen zu bestimmen. Literatur steht seit der hierarchischen Trennung der Schreibberufe in der zweiten Hälfte des 19. Jahrhunderts im starken Gegensatz zum Journalismus. Diese Wertung beruht auf der Einschätzung, daß journalistische Texte *flüchtig* sind und keine künstlerischen Ansprüche erfüllen wie die *allgemeingültigen* literarischen

Texte (Todorow 1988, S. 729). Diese Einschätzung ist nicht ausreichend, weil sie weder die Produktionsbedingungen, die Berufsrollen, die Funktion der Texte noch ihre sprachliche Gestaltung berücksichtigt. Mit der Analyse dieser Merkmale wird im folgenden die Abgrenzung zwischen journalistischer und literarischer Arbeit gezeigt.

Geschichte

Seit der Antike bis zum Vormärz (Anfang bis Mitte des 19. Jahrhunderts) gab es keine strikte Trennung zwischen dem Schriftsteller und dem Journalisten. Im Vormärz (1848) und der Weimarer Republik (ab 1919) sieht Jutta Jacobi die zwei entscheidenden geschichtlichen Phasen für die Entstehung und gegenseitige Beeinflussung der beiden Berufe Schriftsteller und Journalist (Jacobi 1989, S. 7ff.). In dieser Zeit näherte sich die Literatur mit ihrer verstärkten Hinwendung zum Leser und zur gesellschaftlichen Wirklichkeit dem Journalismus an.

Literaten wie Heinrich Heine veröffentlichten ihre Texte damals hauptsächlich in Zeitungen und Zeitschriften. Damit erhielt die Presse eine größere gesellschaftliche Bedeutung. Der traditionelle Literaturbetrieb sah diese Tendenz kritisch: Diese Schriftsteller betrachteten das Zeitungswesen als Konkurrenz und grenzten sich bewußt ab (Jacobi 1989, S. 7ff.). Viele von ihnen lehnten diese Brauchbarkeit ihrer Werke ab und kehrten demonstrativ zum *L'art pour l'art* zurück. Sie richteten sich an einen kleinen und elitären Leserkreis und zogen sich aus der gesellschaftlichen Verantwortung zurück.

Das Ansehen der ersten Journalisten im Vormärz war nicht besonders hoch. Die etablierten Literaten sahen in ihnen abhängige Angestellte, die im Dienst von Verlegern und Interessengruppen handelten. Außerdem wurde ihnen ein schlechter Einfluß auf die Sprache zugeschrieben. Trotz dieser heftigen Kritik an den ersten hauptberuflichen Journalisten nahm die Standardisierung und Professionalisierung des Journalismus zu. Entscheidend war die Entstehung einer Massenpresse, die sich mit der Modernisierung der Techniken in der Industriegesellschaft ständig weiterentwickelte.

Zudem veränderte sich Mitte des 19. Jahrhunderts die soziale Situation in der Gesellschaft, die von Elend und Arbeitslosigkeit geprägt war. Auch Entwicklungen wie Großstadtkultur, Wissenschaft und Technik sowie die Teilnahme der unteren Schichten an Politik und Kultur wirkten sich auf den herrschenden, konservativen Literaturbegriff aus. Autoren wie Honoré de

Balzac, Emile Zola und Gerhart Hauptmann griffen diese Themen auf und und verarbeiteten sie in ihren Werken. Ende des 19. und Anfang des 20. Jahrhunderts distanzierten sich immer mehr Literaten vom elitären Dichterbild und strebten eine Demokratisierung der Literatur an. Ein Grund dafür war, daß sich unter den Literaten zunehmend Anhänger sozialistischer und kommunistischer Ideale fanden. Dazu gehörten in den 20er Jahren Journalisten wie Autoren wie Egon Erwin Kisch, Joseph Roth und Alfred Döblin. Sie warfen den konservativen Literaten vor, ihre Dichtung orientiere sich nicht an der Zeit und deren Problemen. Außerdem lehnten sie die sprachliche Tradition ab und wollten eine neue zeitgemäße Sprache schaffen, die nicht mehr historisch motiviert war (Gauger 1995, S. 94ff.). Dieser Streit führte erneut zu einer heftigen Auseinandersetzung über das Verhältnis und den Stellenwert von Literatur und Journalismus.

Bei dieser Konfrontation hatten die Journalisten gegenüber den Literaten aufgrund der neu entstandenen Massenmedien allerdings einen Vorteil: So erreichten Autoren wie Kisch und Roth durch die tägliche Veröffentlichung ihrer Artikel in Zeitungen eine große Leserschaft aus allen Schichten. Für den Journalismus war diese Diskussion während der 48er Revolution und der Weimarer Republik eine Chance: Zum einen emanzipierte er sich vom elitären und veralteten Kulturbegriff der *Schönen Künste*, zum anderen nutzte er die Möglichkeiten des Zeitungswesens.

Journalistische und schriftstellerische Arbeit

Journalist und Schriftsteller leben beide vom Schreiben, texten aber unter unterschiedlichen Bedingungen. Der Zeitungsjournalist arbeitet unter einem ungleich höheren Zeitdruck als der Schriftsteller. Er muß täglich Zeitungsseiten füllen und kann den Erscheinungszeitpunkt nicht hinausschieben. Der Literat schreibt oft über Monate oder Jahre hinweg an einem Text.

Die vorherrschende Meinung, daß der Schriftsteller weniger Einflüssen ausgesetzt ist als der Journalist, ist allerdings nicht gerechtfertigt. Der Schriftsteller muß nämlich auf die Vorgaben des Verlegers oder Chefredakteurs Rücksicht nehmen. Auch die wirtschaftliche Existenz von Schriftstellern hängt davon ab, ob ein Verleger sich für sein Werk entscheidet und ob dieses Leser findet.

Bei der Beurteilung journalistischer Texte spielt das berufliche Selbstverständnis eine wichtige Rolle. Viele Journalisten verfechten bis heute die
Begabungstheorie, wonach guter Journalismus eine Sache des Talents ist.
Auf dieser Grundlage stehen Begriffe wie *journalistisches Gespür* oder
guter Stil. Viele Schreiber wehren sich in dieser Tradition gegen Anleitungen für ihre Arbeit. Unter anderem deshalb dauerte es so lange, eine Qualitätsforschung zu verwirklichen (vgl. Kapitel 2).

Insgesamt lassen weder die Arbeitsbedingungen noch die gesellschaftliche
Position und die Themen eine grundsätzliche Abgrenzung von Literatur und
Journalismus zu. Das zentrale Unterscheidungsmerkmal ist das Verhältnis
zur Wirklichkeit: Literarische Texte sind Fiktion, auch wenn sie aus der
Realität des Schriftstellers und der Gesellschaft heraus entstehen. Journalistische Artikel sind den Fakten verpflichtet, allerdings sind auch diese der
unterschiedlichen Wahrnehmung des jeweiligen Schreibers unterworfen und
somit zwangsläufig subjektiv.

Funktion journalistischer und literarischer Sprache

In der Gesellschaft und auch in der Literaturwissenschaft herrscht die Auffassung vor, die literarische Sprache habe eine höhere Qualität als die journalistische. Besser als eine subjektive Bewertung von sprachlicher Qualität
ist es, die Sprache daran zu messen, ob sie ihre Funktion erfüllt. Im Journalismus ist die wichtigste Funktion das Informieren, Texte sind von ihrem
Gebrauchswert bestimmt (vgl. Kapitel 2). Dieser richtet sich im wesentlichen danach, wie verständlich, ausführlich und übersichtlich die Informationen für den Leser aufbereitet werden. Ziel ist es, die Rezeption so einfach
wie möglich zu machen.

Bei der Literatur steht dagegen die ästhetische Mitteilung im Vordergrund.
Da für den Schriftsteller Sprache nicht nur Mittel zum Zweck ist, sondern er
mit der Sprache Kunst schafft, beabsichtigt er keine Trennung von Inhalt
und Stil: Er will gerade die Verschmelzung von Sprache und Stil bis zur
Untrennbarkeit. So verwenden Schriftsteller häufig nicht nur einen Sprachstil, sondern wählen bewußt Mischungen. Joseph Roth setzt teilweise journalistische Elemente der Reportage für seine Romane ein, Gottfried Benn
versetzt seine Lyrik mit fachsprachlichem Vokabular.

Wie Schriftsteller sich als Stilmittel journalistischer Schreibtechniken bedienen können, ist dies eingeschränkt auch umgekehrt der Fall. So wird dem
Feuilleton eine Nähe zur Literatur zugesprochen, weil dort neben der Infor-

mationsfunktion die unterhaltende und ästhetische Funktion an Bedeutung zunimmt. Ansätze dazu finden sich auch im nachrichtlichen Ressort, allerdings nur bei meinungsbetonten Formen wie Reportagen, Glossen, Features und Kommentaren.

Sowohl für den journalistischen als auch für den literarischen Text gilt: Die Beurteilung, ob Sprache qualitativ gut oder schlecht ist, hängt davon ab, ob der Stil der Aussageabsicht gerecht wird. So verwenden Journalisten und Literaten beide bildliche Sprache, die Inhalte auf originelle und anschauliche Weise vermitteln sollen. In der Literatur finden sich häufig originelle Bilder, während im Journalismus vornehmlich bekannte und abgegriffene Bilder eingesetzt werden. Beispiele dafür sind *in den Hafen einfahren, grünes Licht geben* oder *in die Zange nehmen* (vgl. Kapitel 4.1). Unter anderem an diesem Unterschied kann man die sprachliche Qualität eines Textes festmachen.

Beispiele: Literarischer Journalismus

An den ausgewählten Textstellen aus Werken von Kisch und Roth werden die Übergänge und Überschneidungen von Literatur und Journalismus deutlich. Zunächst zwei Beispiele aus Kischs *Rasendem Reporter*: *Die Mutter des Mörders und ein Reporter*. Ein Journalist besucht die Mutter eines vermeintlichen Mörders. Die Frau erzählt ihm voller Schuldgefühle ihr Leben.

> „(...) Ganz gut gesagt, denkt der Reporter, es wird doch mehr als eine Notiz! Er nimmt seinen Notizblock aus der Tasche und stenographiert: Der Vergleich der Wäscherin, oder: Die Philosphie der Wäscherin. Das kann man direkt in den Titel geben, zweispaltig, auf die erste Seite! (...)"

> „(...) Nein, der Reporter lacht nicht, er fühlt, daß sich etwas abgespielt hat, das größer ist als ein Raubmord, daß er etwas erfahren hat, das nie in der Zeitung steht: das Geheimnis einer Seele. (...)"

Mord wird von Schriftstellern literarisch bearbeitet, im Journalismus ist es ein klassisches Nachrichtenthema. Kisch beginnt seine Reportage bewußt nüchtern wie einen Polizeibericht mit der Schilderung, wer wann ermordet wurde. Er verläßt aber bald die journalistische Gattung, indem er literarische Erzähltechnik nutzt: Kisch setzt einen Erzähler ein, was an der Formulierung *denkt der Reporter* deutlich wird. Er psychologisiert und beschreibt die Innenperspektive der Frau (*er fühlt, das Geheimnis einer Seele*). Damit verläßt er die sachlich, faktische Ebene des Journalismus.

Bei dem folgenden Auszug aus Joseph Roths *Hotel Savoy* steht die Beschreibung der Atmosphäre im Vordergrund.

> „(...) Dennoch sah die Stadt am Abend freundlicher aus als am Tage. Am Vormittag war sie grau, Kohlendunst naher Fabriken wälzte sich über sie aus riesigen Schornsteinen, schmutzige Bettler krümmten sich an den Straßenecken, und Unrat und Mostkübel waren in engen Gäßchen gehäuft. Die Dunkelheit aber barg alles, Schmutz, Laster, Seuche und Armut, gütig, mütterlich, verzeihend, vertuschend. (...)"

Roth beschreibt die Atmosphäre der Stadt zunächst mit typischen Mitteln der Reportagetechnik: Er verwendet eine anschauliche, plastische Sprache mit ausdrucksstarken Verben wie *wälzen, krümmen, häufen*. Die Atmosphäre der Stadt vermittelt er durch eine Aufzählung seiner Sinneseindrücke - die für Reportagen, im Gegensatz zum nachrichtlichen Bericht, zulässige und gewünschte Form der Wertung.

Diese Ebene verläßt er im letzten Satz, wenn er schreibt, *Die Dunkelheit aber barg alles, Schmutz, Laster, Seuche und Armut, gütig, mütterlich, verzeihend, vertuschend.* Roth geht damit über die Beschreibung hinaus und interpretiert seine Beobachtung. Er schildert damit nicht mehr die tatsächlich vorhandenen Ereignisse, sondern gibt ihnen eine literarische Schlußfolgerung.

Am Beispiel Roth und Kisch wurden die Übergänge zwischen journalistischen und literarischen Techniken deutlich. Um mit Sprache Kunst zu erzeugen, bedienen sich Schrifsteller aber nicht nur journalistischer Elemente, sondern auch anderer Sprachebenen wie Umgangs- oder Vulgärsprache. Gottfried Benn schließlich verwendet für einen lyrischen Text extrem unverständliches medizinisches Fachvokabular, mit dem er eine neue Ausdrucksebene schafft.

Ein Beispiel dafür ist das Gedicht *Prolog 1920*.

„(...) wer je aus der Kulturgeschichte ersah den Weg historischen Geschehens:
aus der Summation kleinster Reize und der Akkumu-
lation trivialster Dyskrasien;
oder gar vor dem Problem der Typenbildung der
Individualitätsreihen stand,
dem Somatischen des Systems und dem Sekretorischen
der Synopsien – (...).“

Checkliste

- Journalistische Sprache muß sich nicht an literarischer messen.
- Der Journalist hat eine andere Funktion als der Schriftsteller: Beim ersten steht die informierende Mitteilung im Vordergrund, beim zweiten die ästhetische.
- Literarische Elemente wie Bilder oder ausgefallene Wortwahl dürfen in journalistischen Texten die Verständlichkeit nicht mindern und können nur ein Zusatzinstrument sein.
- Fiktive Elemente dürfen in journalistischen Texten nicht verwendet werden.

3.2 Fachsprache versus Journalismus

Mit der zunehmenden Spezialisierung in der Gesellschaft entstehen immer neue Fachsprachen, die auch den Journalismus beeinflussen. So gibt es zum Beispiel eine Fachsprache der Rechtswissenschaft, der Politologen, des Handwerkers oder des Mediziners. Fachsprachen sind das Verständigungs-mittel in einem fachlich abgegrenzten Bereich und dienen in erster Linie der Verständigung unter Fachleuten. Sie haben deshalb einen speziellen Wort-schatz, weil sie Dinge bezeichnen müssen, die es im Alltag noch nicht gibt. Sie streben vor allem in den Wissenschaften nach Präzision im Ausdruck, um dem Anspruch an die wissenschaftliche Exaktheit gerecht zu werden. Der Wissenschaftler will, daß sich eine Definition durch die sprachliche Auswahl nur auf einen einzigen Begriff beziehen kann, umgekehrt soll der Begriff keine andere Definition zulassen (Dressler 1989, S. 79).

Dieses Bemühen um Eindeutigkeit führt dazu, daß Wissenschaftler immer neue Termini schaffen und verwenden. Charakteristisch für den wissenschaftlichen Wortschatz ist es deshalb, immer neue Komposita, Wortableitungen und nominalisierte Verben zu bilden. Ähnliches gilt auch für nichtwissenschaftliche Fachsprachen. Häufig werden in Fachsprachen Eigennamen, griechisches oder lateinisches Vokabular verwendet, um Eindeutigkeit zu erreichen. Beispiele dafür sind Wörter wie *territorial integer* für Entlehnungen aus dem Lateinischen und *Camp David-Vertrag* für Eigennamen.

Die Erkenntnisse aus der Wissenschaft und anderen Fachgebieten sind zunehmend auch Themen des Alltags, und deshalb dringen verschiedene Elemente der Fachsprachen immer stärker in die Umgangssprache ein. Steger beobachtet diesen wachsenden Einfluß seit den 60er Jahren (Steger 1983, S. 27). Der sprachliche Wandel in der Umgangssprache schlägt sich vor allem in folgenden Merkmalen nieder:

* Kurzformen von Ausdrücken
* Satzverkürzung durch Reihung von Substantiven und Adjektiven
* Einflüsse fremder Sprachen

Viele Sprachkritiker beklagen wegen des ständigen Wandels der Sprache durch die zahlreichen Einflüsse den „Niedergang deutscher Sprachkultur" (Eichler 1976, S. 154f.). Doch muß dieser sprachliche Wandel unter dem Aspekt der Verständlichkeit betrachtet werden. Für den Journalisten besteht darin eine besondere Aufgabe, weil er als Nicht-Experte oftmals mit Fachleuten kommuniziert und diese fachlichen Inhalte für den Leser anschaulich und verständlich ‚übersetzen' muß.

Verständnisbarrieren

Medizinerlatein, Behördendeutsch oder *Expertenkauderwelsch* sind die Begriffe, mit denen die Menschen ihren Unmut über die fachsprachliche Verklausulierung ausdrücken. Daran zeigt sich aber auch, daß es offenbar schwierig ist, Fachbegriffe an Laien zu vermitteln:

> „Verständigungsprobleme zwischen Wissenschaft
> und Öffentlichkeit sind heute eher die Regel als die
> Ausnahme. Durch die ansteigende Flut von Infor-
> mationen aus den Wissenschaftsbereichen wird der
> Abstand zur Öffentlichkeit immer größer." (Sand-
> rock 1987, S. 71)

Es gibt sicher Fachleute, bei denen die Feststellung zutrifft, daß sie mit un-
verständlicher Sprache ihre Autorität sichern oder sich vor unliebsamen
Nachfragen schützen wollen. Gleichwohl muß man ihnen zugute halten, daß
die nötige Vereinfachung für Laien ihrem Bedürfnis widerspricht, Komplexes möglichst präzise zu benennen. Die bessere Erklärung als die der blo-
ßen Sprachbarriere ist, daß Fachleute und Laien unterschiedliches Wissen
haben. Erst wenn es gelingt, dem anderen die eigene Perspektive zu schildern, gibt es Möglichkeiten zu gelungener Vermittlung.

Eine andere Schwierigkeit liegt darin, daß Fachbegriffe in die Gemeinsprache aufgenommen werden. Oft wird dieser Wechsel überhaupt nicht mehr
bewußt wahrgenommen. Dazu gehören Begriffe wie *Information, System,
Produkt* oder *Problematik*. Aktuelle Beispiele dafür stammen aus der Fachsprache der Informations- und Kommunikationstechnologien wie *Netzwerk,
Online* oder *Provider*. Bei ihrem Übergang bleiben die Ausdrücke aus Wissenschaft, Technik und Verwaltung zwar lexikalisch dieselben, wandeln sich
aber in ihrer Bedeutung. Sie verlieren die in der Fachsphäre angestrebte Exaktheit und Neutralität und werden dadurch vieldeutig und vage (Haß 1991,
S. 331). Damit geraten Begriffe in die Öffentlichkeit, die niemals für eine
Kommunikation im Alltag gedacht waren. Den Bedarf, Fachbegriffe für den
Laien zu klären, erfüllen mittlerweile Lexika schwerer Wörter. Untersuchungen zeigen zudem, welche Verständnisschwierigkeiten fachsprachliche Ausdrücke im Alltag mit sich bringen (Strauß/Haß/Harras 1989).

So fand Els Oksaar in einer Untersuchung von Nachrichten und Kommentaren mit Schülern der Oberstufe, Studenten und Akademikern heraus, daß
Ausdrücke, die von Journalisten selbstverständlich und immer wieder benutzt werden, zum Teil vom Leser nicht verstanden werden oder sie zumindest vom Lesen abgehalten haben. Die Leser hatten zum Beispiel Schwierigkeiten bei folgenden Textstellen, die fachsprachlich geprägt sind:

- Fremdwörter wie *atomar bewaffnet, intensive subversive Aktivitäten*
- Abkürzungen und fremdsprachliche Zitate wie *force de frappe, cross-checking*
- Komposita wie *Bruttoinlandsprodukt, Leistungsbilanzdefizit*
- Fachausdrücke mit Orts- oder Personennamen wie *Krefelder Appell* und *Marshall-Plan*
- Als völlig unverständlich erwiesen sich bei der Befragung etwa die Ausdrücke *Offensive, Subvention* und *Konvergenz* (Oksaar 1988, S. 151f.).

Der Journalist als Vermittler

Der Journalist spielt bei der Vermittlung von Fach- und Fremdwörtern eine zentrale Rolle: Er muß *übersetzen,*

> (...) denn in der sich weiter spezialisierenden Industriegesellschaft wird Verständigung durch sprachliche Vermittlung immer schwieriger und zugleich immer nötiger." (Strauß/Zifonun 1985, S. 21)

Wie wichtig diese Vermittlung ist, machen verschiedene Autoren deutlich, wenn sie auf die sozialen Schwierigkeiten hinweisen, die Verständnisbarrieren mit sich bringen können. Einerseits werden die Menschen immer abhängiger von den Wissenschaften, andererseits können sie immer weniger den fachlichen Diskussionen in der Gesellschaft folgen. Die Medien sind für den Laien der wichtigste *Verteiler* von Fachvokabular. Die Journalisten müssen das Fachwissen nicht nur weitergeben, sondern sprachlich angemessen vermitteln. Die beste Möglichkeit für den Journalisten besteht darin, für Fachausdrücke alltägliche Beispiele zur Erklärung der Zusammenhänge heranzuziehen. Weniger empfehlenswert ist es, fremde Wörter durch Anführungsstriche hervorzuheben oder sie durch den Zusatz *sogenannt* als unüblich zu kennzeichnen.

Für den Journalisten ist die Vermittleraufgabe in vieler Hinsicht ein schwieriges Problem: Der Schreiber bei Lokal- und Regionalzeitungen ist meist Generalist und nicht Fachmann. Das bedeutet, daß er selbst die Sprachbarriere im Gespräch mit dem Fachmann erlebt und Wege finden muß, sie zu überwinden. Dies führt häufig dazu, daß in den Artikeln zwar Erklärungen zu finden sind. Aber es ist fraglich, ob diese zu mehr Verständnis beim Leser führen. Wird das *Realeinkommen* beispielsweise dadurch erklärt, daß hierunter die *effektive Kaufkraft des Nominaleinkommens* zu verstehen ist, *indem man dieses durch den Stand des Konsumenten Preisindexes dividiert*, hilft diese Erklärung dem Leser nicht weiter. Der Journalist macht zwar den Versuch einer Erklärung, aber es dürfte ihm kaum gelungen sein, mehr Verständnis als beim ursprünglichen Begriff zu erreichen (Burger 1990, S. 270).

Schwierig einzuschätzen ist bei einer solchen Übersetzungsleistung zudem das Vorwissen des Lesers (vgl. Kapitel 2). Der Journalist kann nicht wissen, was für den Leser schwer oder leicht zu verstehen ist. Er muß einen Zusammenhang so erklären, daß möglichst viele seinen Text verstehen. Damit läuft er natürlich Gefahr, daß er gewisse Leser unterfordert und nicht zum Lesen animiert.

Der Journalist hat noch weitere Schwierigkeiten: Fachliches Vokabular eignet sich dazu, Interessen zu verschleiern, weil es für den Laien vage und mehrdeutig ist. Dieses Problem tritt häufig auf, wenn Fachleute und Politiker sprechen und damit eine bestimmte Absicht verfolgen (vgl. Kapitel 6). Indem sie bewußt vage Ausdrücke verwenden, schließen sie eine eindeutige Erklärung durch den Journalisten aus. Damit zwingen sie ihn praktisch zum wörtlichen Zitat, da er die verklausulierten Begriffe weder benennen noch erklären kann.

Für Ulrike Haß sind die Journalisten in dieser Situation eher ohnmächtig als mächtig. Sie belegt, daß die Massenmedien lediglich auf Ausdrücke reagieren, die die „Allianz aus staatlicher Verwaltung, Technik und Industrie zuvor geprägt hat" (Haß 1991, S. 330). Dies trifft wohl eher zu als Schneiders Ansicht, der den Journalisten unterstellt, sich mit Fachvokabular interessant machen zu wollen, oder zu bequem sind, Erklärungen zu finden (Schneider 1984, S. 24ff.).

Eine weitere Schwierigkeit ist, daß Fachbegriffe trotz ihrer Unverständlichkeit völlig in die Alltagssprache eingegangen sind. Ist der Journalist zum Beispiel noch dazu verpflichtet, das *Bruttoinlandsprodukt* zu erklären, oder gehört es zum Allgemeinwissen? Hier kann man den Schreibern nur den Mittelweg empfehlen, solche Entscheidungen zielgruppenorientiert zu treffen und trotz aller Gewöhnung immer vorsichtig bei der Übernahme von Fachbegriffen zu bleiben.

Beispiele: Fachsprache im Journalismus

Das Trockenstabilatwerk

Die Anlage wird im Auftrag des Lahn-Dill-Kreises durch die Herhof Umwelttechnik GmbH errichtet. Mit der Fertigstellung wird im April 1997 gerechnet. Herhof trägt die Gesamtinvestition von rund 42 Millionen Mark und wird das Trockenstabilatwerk betreiben. Es wird jährlich 120 000 Tonnen Restmüll aus den Kreisen Lahn-Dill und Gießen sowie aus der Stadt Gießen verarbeiten. Kernstück sind 22 Rotteboxen, in denen der Abbau- und Trocknungsprozeß stattfindet und die in ähnlicher Ausführung auch für Kompostierung von Bioabfall eingesetzt werden. Die Mechanisch-Biologische Stabilisierung (MBS) entzieht dem Restmüll auf biologische Weise Wasser, was zur deutlichen Erhöhung des Heizwertes und zur hohen Lagerbeständigkeit des Trockenstabilates führt. Ein geringer Teil des so erzeugten Brennstoffs wird voraussichtlich zur Deckung des Eigenenergiebedarfs verbrannt. Der größere Teil wird zunächst in luft- und wasserdichte Ballen verpreßt und zwischengelagert.

Text 6

Einschätzung

Fachsprache: *Trockenstabilatwerk, Rotteboxen, Abbau- und Trocknungsprozeß, Kompostierung von Bioabfall, Mechanisch-Biologische Stabilisierung (MBS), Erhöhung des Heizwertes, hohe Lagerbeständigkeit des Trockenstabilates, Eigenenergiebedarf*

Der Artikel ist in seiner Gesamtheit sehr schwer verständlich. Der Grund dafür liegt zum einen im Thema: Die Vorgänge, die in einem *Trockenstabilatwerk* ablaufen, sind für den Journalisten als Laien auf diesem Gebiet zunächst etwas Neues. Will er sie verständlich übersetzen, muß er selbst von einem Fachmann aufgeklärt werden. In diesem Fall hat der Autor aber auch selbst wieder auf Fachvokabular zurückgegriffen und damit das Thema für seine Leser nicht *übersetzt*. Zum Beispiel erklärt er das *Trockenstabilatwerk* mit Mengenangaben über den Müll und Beschreibungen wie *Kernstück sind 22 Rotteboxen*. Zum anderen hat der Journalist das Verständnis des Textes unnötig weiter erschwert. Er wendet selbst den fachlichen Sprachstil dann an, wenn es vermeidbar gewesen wäre, wie zum Beispiel bei dem Ausdruck *hohe Lagerbeständigkeit*. Außerdem hat er das Verständnis noch durch Elemente wie Substantivierungen erschwert, die für Fachsprachen typisch sind. Das Thema zwingt bereits zu so vielen komplizierten und dem Leser fremden Ausdrücken, daß sich der Journaliste hätte bemühen müssen, es durch die übrigen sprachlichen Mittel wie Satzbau, Aktiv statt Passiv und Wortwahl zu vereinfachen. Ein angemessene Hilfe für den Leser wäre es auch, die zentralen Begriffe mit den jeweiligen Erklärungen aufzulisten. Eine optische Gliederung würde zudem zur leichteren Aufnahme des schwierigen Themas beitragen.

Vorschlag
Stichwort: Trockenstabilatwerk

Der Lahn-Dill-Kreis hat das Werk in Aßlar in Auftrag gegeben, Betreiber ist die Herhof Umwelttechnik GmbH. Das Ziel ist es, jährlich 120.000 Tonnen Restmüll aus den Kreisen Lahn-Dill, Gießen und der Stadt Gießen zu verarbeiten.

• In 30 Meter langen und drei Meter breiten Betonboxen wird Müll aus der grauen Tonne getrocknet. Mit viel Luft werden Bakterien und Pilze unterstützt, um den nassen Müll innerhalb von einer Woche zu trocknen (Mechanisch-Biologische Stabilisierung, MBS).

• Aus dem getrockneten Müll werden Eisen und andere Metalle sowie Steine, Keramik und Glas aussortiert, da sie wiederverwendet werden können.

• Der Rest wie Papier, Hölzer, Pappen und Kunststoffe werden zu Ballen mit einem Durchmesser von 1,20 Meter gepreßt.

• Die getrockneten Ballen (Trockenstabilat) lassen sich gut lagern und besser als nasser Müll verbrennen.

• Die Ballen werden nach Angaben der Betreiber zum Teil an regionale Betriebe verkauft, die sie verheizen.

Checkliste

- Vorsicht Fachsprache: Typisch sind Abkürzungen, Substantivierungen, viele Adjektive und Fremdwörter.
- Fachwörter sind Verständnisbarrieren für den Leser.
- Der Journalist muß für den Leser *übersetzen*.
- Er muß im Gespräch mit Fachleuten auf allgemeinverständliche Erklärungen drängen.

4 Journalistische Sprachbausteine

Beim Schreiben von Artikeln im Redaktionsalltag wird Journalisten immer wieder geraten, auf möglichst häufigen Wechsel im Ausdruck zu achten. Dies wird allgemein als Voraussetzung für guten Stil genannt. Dadurch kommt es zur ständigen Suche nach Synonymen. Ein typisches Beispiel ist die Suche nach anderen Formulierungen für *sagen*. Um Wiederholungen zu vermeiden, wird auf Wörter *wie meinen, betonen, unterstreichen, hinzufügen, resümieren* und *ergänzen* zurückgegriffen. Die Suche nach sinnverwandten Wörtern dient dazu, einen Grundgedanken auf unterschiedliche Weise sprachlich zu formulieren.

Bei der Bewertung von Synonymen muß sich der Journalist aber klar machen, daß zwei Begriffe niemals völlig deckungsgleich sind. Außerdem muß er darauf achten, nicht den Verständlichmacher Kürze/Prägnanz zu mißachten.

Synonyme werden auf ganz unterschiedliche Weise gebildet: Sie können sachliche Ersatzwörter, bildliche oder blumige Umschreibungen sein. Auch können ganze Sätze einzelne Wörter erläutern. Für diese Ersetzungen werden unterschiedliche Stilfiguren herangezogen, die zum größten Teil aus der Literatursprache stammen. Ebenso wie in der Redaktion werden Synonyme auch in der Wissenschaft sehr unterschiedlich bewertet. Während sie einerseits als Auflockerung gelobt werden, sehen andere in der Synonymsuche bei Substantiven „Krampfhandlungen" (Raue/Schneider 1996:193).

Bei der Formulierung von Texten spielen außer den Einflüssen der literarischen Sprache auch die fachsprachlichen Elemente eine wichtige Rolle (vgl. Kapitel 3.2). An journalistischen Beispieltexten wird im folgenden ihre Verwendung im Alltag gezeigt und beurteilt. Zudem gibt es, falls nötig, Verbesserungsvorschläge, die auf den schon genannten Anleitungen für guten Stil basieren.

4.1 Bildliche Sprache

Das Image aufpolieren, Durststrecke, Sparwelle, Stolpersteine, Vierbeiner, Land und Leute, die Stirn bieten - das sind Bilder, Redewendungen, Klangformen und andere sprachliche Ersetzungen, die uns nicht nur in der Alltagssprache, sondern auch in den Medien begegnen. Die Formulierungen sollen veranschaulichen und emotionalisieren. Zudem hat ein Großteil dieser Sprachbausteine wertenden Charakter.

Die Bildlichkeit ist ursprünglich ein Grundelement der dichterischen Sprache. Sie soll abstrakten Erscheinungen durch Bilder sinnliche Anschaulichkeit verleihen. Sie erzeugt so neue Erfahrungen oder stellt schon bekannte in einen neuen Zusammenhang. Da es hier um die Bilder im journalistischen Gebrauch geht, wird im folgenden überprüft, ob die im Journalismus besonders häufig auftretenden Bilder tatsächlich diese Funktion erfüllen.

Die Wertung der Stilfiguren wird an drei Punkten festgemacht: Funktion, Wirkung und Verständlichkeit.

Metapher

Metaphern sind sprachliche Bilder: Zwei Gegenstände oder Begriffe sind sich ähnlich. Die Bedeutung des einen wird aufgrund dieser Ähnlichkeit auf den anderen übertragen. So steht der *Fuchs* für einen schlauen oder listigen Menschen, *Brücke schlagen* für eine Verbindung herstellen, *in den Hafen einfahren* für Heim- oder Rückkehr, *Poker* für einen ungewissen Ausgang, *Federn lassen* für Schaden nehmen, *frischer Wind* für Änderungen und Neuerungen. Häufig findet man in Artikeln außerdem Ausdrücke wie *den Zug ins Rollen bringen, Kurs ändern, ausbremsen, eine Hürde nehmen, Steine in den Weg legen, unter Beschuß nehmen, grünes Licht geben, Rotstift ansetzen, Weichen stellen, durchstarten, auf Hochtouren laufen, Eigentor schießen, in die Startlöcher gehen, den Blick schärfen, Gratwanderung.*

Metaphern können als Substantive, Adjektive oder in Verbindung mit Verben auftreten. In vielen Redaktionen gelten sie als gutes sprachliches Mittel, anschaulich zu schreiben. Diese Auffassung ist falsch: Die meisten immer wieder zu findenden Metaphern im Journalismus sind nicht originell, weil sie stereotyp verwendet werden.

Der Begriff Metapher stammt ursprünglich aus der klassischen Rhetorik. Dort wurde die Metapher als Stilmittel verwendet, das in erster Linie dem Schmuck (ornatus) der Rede diente. In Aristoteles' Metapherndefinition spielen nach Paul Henle (1975:235ff.) zwei Aspekte eine besondere Rolle: Er sieht die Metapher als eine Verschiebung von einer wörtlichen auf eine übertragene Bedeutung. Ein weiteres Merkmal der Metapher ist, daß eine Eigenschaft hervorgehoben wird, auf deren Grundlage der Vergleich stattfindet. Das zeigt, daß die Metapher immer bewirkt, daß bestimmte Aspekte hervorgehoben und andere verdeckt werden. Bezeichnet man beispielsweise ein Gespräch als *Kampf*, so treten die kooperativen Aspekte des Gesprächs in den Hintergrund.

Diese traditionelle Vergleichstheorie war über Jahrhunderte die Grundlage für die Interpretation von Metaphern. Es haben sich im Laufe der Zeit weitere Ansätze und Theorien entwickelt, die sich mit Struktur und Interpretation von Metaphern befassen. Für Journalisten ist davon im täglichen Gebrauch lediglich noch der sogenannte kognitive Effekt zu berücksichtigen (Brünner: 1987:103). Das bedeutet, daß Metaphern das Denken beeinflussen.

Alltagsmetapher

Von der *Glühbirne* über die *Baumschule* bis hin zur *Motorhaube* werden im Deutschen unbewußt täglich Bilder verwendet. Dabei handelt es sich um konventionalisierte Bilder, die automatisch und ohne weiteres Nachdenken erschlossen werden:

> „Solche Metaphern werden manchmal 'tote Metaphern' genannt. Sie sind jedoch in dem Sinne sehr lebendig, als sie fester Bestandteil unserers alltäglichen Lebens sind." (Brünner 1987:100)

Die Bilder der alltäglichen Sprache lassen sich nach dem Grad ihrer Ausdrucksstärke unterscheiden. Bilder wie *Glühbirne* werden nicht als solche wahrgenommen. Die häufige Nutzung von Metaphern ist ein Hinweis darauf, wie Bilder in den Sprachgebrauch übergehen und damit ihre Ausdruckskraft verlieren. Der Umkehrschluß ist, daß Metaphern nur noch dann ausdrucksstark sind, wenn sie sehr von erwarteten sprachlichen Formulierungen abweichen.

Die meisten Sprachanleitungen für Journalisten geben keine Maßstäbe an,
um zwischen konventionellen und ausdrucksstarken Bildern zu unterscheiden. Der Journalist kann deshalb nur erahnen, welche Metaphern dem Leser
abgegriffen erscheinen, oder sein eigenes Empfinden zum Maßstab nehmen.
Das Problem der Alltagsmetapher liegt aber gerade darin, daß sie durch die
inflationäre Verwendung selbstverständlich geworden ist. Deshalb erscheint
sie dem Schreiber oft so naheliegend:

> „Selbstverständlich ist es möglich, bestimmte Meta-
> phern zu vermeiden, gegen das, was sie hervorheben
> oder verdecken, ‘gegenanzudenken’ und Ausdrucks-
> alternativen zu finden. Aber wenn man es versucht
> (...), merkt man, daß es nicht ganz leicht ist und der
> kontrollierten Anstrengung bedarf. Metaphorische
> Redeweisen sind einfach die üblichen und selbst-
> verständlichen, und deshalb ist die Sichtweise, die
> mit ihnen verbunden ist, näherliegend und bestim-
> mender als andere Sichtweisen.“ (Brünner 1987:103)

Viele der vermeintlich expressiven Ausdrücke stammen aber aus demselben
Bild-Bereich. Deshalb sprechen Sprachwissenschaftler von ganzen Meta-
phernsystemen. Das heißt, viele Metaphern gehen auf eine Wurzel oder auf
eine Idee zurück. Beispielsweise beziehen viele ihre Bilder aus dem Bereich
der Bewegung. Dafür werden häufig *Zug, Schiff, Auto* oder *Weg* verwendet.
Aber auch der *Sport* und das *Militär* sind übermäßig häufig gebrauchte
Bildspender.

- Zug: *auf Zug aufspringen, Zug ins Rollen bringen, Weichen stellen, grü-
  nes Licht geben, jemanden lotsen, mit Volldampf voraus*
- Schiff: *Kurs ändern, Konfrontationskurs steuern, ins Boot holen, das
  Boot ist voll, Rettungsanker werfen, Hafen ansteuern*
- Auto: *durchstarten, auf und davon fahren, Berg- und Talfahrt, brem-
  sen/ausbremsen, auf Hochtouren laufen, auf Touren kommen*
- Sport: *eine Hürde nehmen, Schritt halten, Eigentor schießen, auf den
  Fersen bleiben, , neuen Anlauf nehmen, Endspurt, Zielgerade erreichen,
  ins Rennen gehen, Startschuß geben, in die Startlöcher gehen*
- Weg: *auf schmalem Grat wandeln, eine Gratwanderung machen, Weg
  frei machen für, Stolpersteine auf dem Weg, Steine in den Weg legen,
  steiniger Weg, einen weiten Weg vor sich haben, Spur führt nach, auf
  Schritt und Tritt*

- Militär: *anpeilen, das Weite suchen, zum Schlag ausholen, eine Offensive starten, attackieren, Attacken reiten, mit harten Bandagen kämpfen, unter Beschuß nehmen, auseinandertreiben, Strategie verfolgen, Strategie fahren, Strategie einschlagen, Position halten, mit allen Mitteln verteidigen*

Daß Alltagsmetaphern niemals eindeutig sind, sondern eine Vielzahl von Mitbedeutungen (Konnotationen) haben, läßt sich leicht zeigen. Bei dem Beispiel *eine Hürde nehmen* kann man sowohl den Wettkampf- als auch den Erfolgsgedanken assoziieren. Jemand erreicht aufgrund seiner Leistung und seines Willens ein selbstgewähltes Ziel.

Das Bild wird außerdem verwendet, um zwei Konkurrenten zu vergleichen und den einen von ihnen besonders vorteilhaft darzustellen. Je nach Interpretation des Lesers stehen der Wettstreit, die Geschicklichkeit, der Erfolg oder auch der Wille zum Sieg im Vordergrund.

Die Metapher *ausbremsen* zielt auf das Konkurrenzverhalten eines oder mehrerer Beteiligten ab. Die Situation geht für den einen schlecht aus, bringt beide in Gefahr, Kompromisse gibt es nicht. Das Bild steht außerdem für Dynamik, Risikobereitschaft und Geschwindigkeit. Es kann je nach Standpunkt positiv oder negativ gedeutet werden.

Die Beispiele machen deutlich, daß das Verständnis von Alltagsmetaphern von den persönlichen Erfahrungen und Einstellungen des Lesers abhängt. So kommt es trotz der scheinbaren Einfachheit der Bilder zu unterschiedlichen Interpretationen.

Die tatsächlich präzisen Ausdrücke sind dagegen in der wertneutralen Sprache zu finden. So kann beispielsweise *eine Hürde nehmen* besser ersetzt werden durch *etwas erreichen, schaffen, stärker und geschickter sein als ein anderer, gewinnen, der beste sein* oder *etwas leisten.*

Anstatt *ausbremsen* schreibt man besser, *jemanden aufhalten, an etwas hindern, jemandem überlegen sein, seine Überlegenheit beweisen, zuvorkommen, jemanden in Gefahr bringen* oder *besser sein als der andere.*

Bei der Suche nach wertneutralen Begriffen fällt auf, daß man in Versuchung kommt, solche Bilder wiederum mit Alltagsmetaphern zu ersetzen. Es macht keinen großen Unterschied, ob man schreibt, *eine Hürde nehmen* oder *die Nase vorn haben. Ausbremsen* ist sinngemäß konventionellen Bildern ähnlich wie *jemandem Steine in den Weg legen, jemanden unter Beschuß nehmen* oder *jemandem die Schau stehlen.* Das bedeutet:

* Die Sprache bietet ein ganzes System von ähnlichen Bildern, deren Aussagen sich zum großen Teil überschneiden.

* Teilweise sind die Bilder sogar austauschbar.

* Alltagsmetaphern verleiten zum häufigen Gebrauch, weil sie wegen ihrer Bekanntheit bequem anzuwenden sind. Sie sind jedoch nicht präzise.

Gelegenheitsmetapher

Im Gegensatz zu den Alltagsmetaphern stehen die sogenannten Gelegenheitsmetaphern. Auf der Suche nach unverbrauchten Bildern erfinden Journalisten häufig eigene Metaphern. Ob es sich um eine solche Metapher handelt, läßt sich daran erkennen, ob der Zusammenhang notwendig ist, um sie zu verstehen (Knop 1987:71). Solche im Zusammenhang konstruierten Metaphern wie *Milliardenomelette* oder *Seifenblasendemokratie* sind nicht ohne weiteres zu verstehen. Sie werden trotzdem gern in Überschriften verwendet.

Dabei gilt, je gegensätzlicher die beiden Teile der Metapher sind, desto schwieriger wird das Verständnis. Das Verstehen von Gelegenheitsmetaphern ist deshalb weit schwieriger als das von konventionellen Metaphern. Häufig werden sie auch zu Spielereien benutzt. Sie sind nicht nur schwer verständlich, sondern können auch peinlich werden. Deshalb sollte auf „billige Gags" (Blum/Bucher 1998:32) verzichtet werden.

Die inhaltlich komplizierte Gelegenheitsmetapher stellt folgende Anforderungen, das Bild zu erschließen:

* Die Überschrift enthält einige Hinweise auf das Rätsel, so daß der Leser die Metapher erraten kann.

* Die Überschrift enthält keine Hinweise, aber der Leser hat genug Vorwissen, um die Metapher zu verstehen.

* Die Metapher ist allein durch die Überschrift nicht zu verstehen, benötigt also den Text, um entschlüsselt zu werden.

* Weder die Überschrift noch der Text helfen das Bild zu verstehen (Knop 1987:77).

Die Annahme, daß Unverständlichkeit ein Weg ist, um den Lesereiz zu steigern, widerspricht den Regeln der Verständlichkeit (vgl. Kapitel 2.2). Deshalb sind solche verrätselten Bilder höchstens dann zulässig, wenn sie unmittelbar aus dem Satzkontext zu verstehen sind. Sie sollten aber immer sehr bewußt und mit Blick auf die Zielgruppe und deren Vorwissen eingesetzt werden.

Verständlichkeit von Bildern

Im Journalismus wird die Funktion der Metapher idealisiert: Sie soll schwierige Zusammenhänge durch bekannte, greifbare Bilder vermitteln. Neue, unbekannte Sachverhalte sollen dadurch verständlich werden, daß sie über ein Bild mit bereits bekannten Sachverhalten in Beziehung gesetzt werden. Diese Funktion der Metapher wird immer unter dem Begriff der Anschaulichkeit gesehen (Karl-Marx-Universität 1976a:121).

In der ostdeutschen Stilistik werden die Leistungen der Metapher über die Wortebene hinaus auf den gesamten Text übertragen. Die Metapher soll demnach Anreiz für den Rezipienten geben, den Text zu lesen und außerdem sein Bewußtsein zu beeinflussen. Alltagsmetaphern kann man deshalb aber nicht als 'rezeptionsfördernd' auffassen, weil sie nicht die Forderungen nach Originalität und Anschaulichkeit erfüllen. Damit sind die Bedingungen für sprachliche Fertigstücke gegeben. Sie werden immer gerne herangezogen, wenn häufig wiederkehrende Geschehnisse beschrieben werden müssen:

> „Sie wirken auf den Rezipienten als oft gehört und gelesen. Anschaulichkeit verlangt jedoch eine möglichst persönliche, auf das konkret sich Ereignende aktuell und individuell zutreffende Bezeichnung." (Kurz 1987a:43)

Bei der Zeitungslektüre fällt auf, daß Metaphern mehr aus schmückenden und gestalterischen Absichten verwendet werden und nicht mehr aus einer inhaltlichen Motivation. Alltagsmetaphern liefern eben nicht das, was man sich von ihnen erhofft, sondern sind Schablonen und sprachliche Fertigstücke, die nicht mehr originell und anschaulich sind, sondern verallgemeinern:

> „Diese Sprachschablonen sind der Feind der Originalität. Sie werden durch den häufigen Gebrauch entkonkretisiert und vermitteln dadurch im Text nur allgemeine Aussagen. Der Leseanreiz läßt nach." (Karl-Marx-Universität 1976a:127)

Ein weiterer Schwachpunkt der Alltagsmetapher ist ihr wertender Charakter. Gerade die ostdeutschen Wissenschaftler halten die beeinflussende Wirkung von Bildern für vorteilhaft, die von westdeutschen Stilistikern gar nicht reflektiert wird.

Die Autoren der ehemaligen DDR betonen die Bedeutung von Stilfiguren wie Metaphern für die politische Einflußnahme. Als vorbildhaft stellt Faulseit Passagen aus dem Kommunistischen Manifest vor wie *Proletarier haben nichts (...) zu verlieren als ihre Ketten*, weil hier das Bild die Ideologie unterstützt (Faulseit 1980:123).

Um so erstaunlicher ist es deshalb, daß der manipulierende und wertende Aspekt von bildlicher Sprache in den journalistischen Handbüchern überhaupt nicht thematisiert wird. Die einzige Kritik, die - wenn überhaupt - an Alltagsmetaphern geübt wird, ist ihre Abgegriffenheit.

Für den Leser sind Alltagsmetaphern wie *Paroli bieten, Messer wetzen, Kasse klingeln lassen* zunächst gewohnte Ausdrücke, bei denen er nie meinen würde - wie bei einem Fremdwort - daß er sie nicht versteht. Aber genau das oberflächliche Verstehen ist das Problem: Jeder glaubt, mit diesen kompakten und plausiblen Bildern etwas verbinden zu können, aber was dies genau ist, bleibt diffus. Darin sieht Gisela Brünner die Schwierigkeit: Ihrer Meinung nach besteht in diesem oberflächlichen Verständnis zugleich die hemmende Funktion der konventionellen Bilder. Sie vermitteln, etwas verstanden zu haben, was noch gar nicht durchdacht worden ist:

> „Die (...) Metapher legt einen Verständigungserfolg
> ohne Anstrengung nahe und begünstigt die vor-
> schnelle Überzeugung, verstanden zu haben (...).“
> (Brünner 1987:108)

Weil die Verständlichkeit die Grundlage für guten journalistischen Stil ist, können konventionelle Bilder kein geeignetes Stilmittel sein. Die Alltagsmetapher ist weder prägnant, noch kann sie wegen ihrer Verbrauchtheit als anregender Zusatz gewertet werden. Was das Kriterium der Einfachheit angeht, suggeriert sie ein leichtes Verständnis, bietet aber tatsächlich nur ein oberflächliches. Durch die wertende Komponente ist sie ohnehin für viele Textgenres nicht angemesen, so zum Beispiel für Nachricht, Meldung und Bericht. Ein wesentliches Problem der Alltagsmetapher liegt zudem beim Leser: Um das Bild zu verstehen, muß er selbst interpretieren. Dieser Interpretationsvorgang des Lesers ist für den Schreiber des Textes nicht kalkulierbar.

Potenziert werden die zahlreichen Probleme der Alltagsmetaphern, wenn sie auch noch falsch verwendet werden. In Artikeln finden sich nicht nur falsche Bilder, sondern auch Bildvermengungen und Bildübersteigerungen. Bildvermengungen sind aneinander montierte Bilder aus verschiedenen bildspendenden Bereichen wie *mit einem Fuß steht er im Grab, mit dem anderen nagt er am Hungertuch.* Eine Bildübersteigerung liegt zum Beispiel vor bei dem Ausdruck *die Last auf eine breitere Schulter verteilen.* Diese Fehler passieren häufig, wenn sich der Autor des metaphorischen Inhalts seiner Aussage gar nicht bewußt ist - was bei Alltagsmetaphern typisch ist.

Beispiele: Metapher

L i m b u r g   Men-
schen, die auf die schiefe
Bahn geraten sind und im
Freiheitsentzug leben, haben
den Boden unter den Füßen
verloren. Sie sind ausge-
grenzt, und damit trifft auch
ihre Familien ein schweres
Los. Häufig werden sie von
Mitbürgern schief angese-
hen, und ihre sozialen Nachteile scheinen unüberbrückbar. Ihnen muß geholfen werden.
Text 7

Einschätzung

Alltagsmetaphern: *auf die schiefe Bahn geraten, Boden unter den Füßen verlieren, schweres Los treffen, schief angesehen werden, unüberbrückbar*

Der Journalist faßt im Vorspann eines Artikels die seiner Meinung nach typische Situation eines Menschen zusammen, der im Gefängnis sitzt: Der Häftling weiß nicht, wie es weitergehen soll, und er ist ein Außenseiter in der Gesellschaft. Das macht seiner Familie große Probleme. Die Angehörigen werden deshalb selbst zu Außenseitern und haben dadurch mit unterschiedlichen Einschränkungen zu rechnen. Daher benötigen sie nach Ansicht des Autors Hilfe.

Die verblaßten Bilder lassen viele Mitbedeutungen zu: So deutet die Formulierung auf *die schiefe Bahn geraten* an, daß jemand dabei ist, kriminell zu werden und möglicherweise auch durch seine Lebensumstände in Schwierigkeiten gerät. Häufig wird diese Metapher im Zusammenhang mit Jugendlichen verwendet. Damit werden oft Drogen, Diebstahl, Obdachlosigkeit und Prostitution assoziiert. Die Metapher, *Boden unter den Füßen verlieren*, geht inhaltlich in dieselbe Richtung: Jemand verliert alles Gewohnte und seine Sicherheit, man weiß nicht mehr, wie es weiter geht, die Zukunft ist ungewiß, und der Betroffene ist nicht unbedingt selbst verantwortlich für seine Lage. Genauso diffus ist die Formulierung *ein schweres Los treffen*. Sie verweist auf einen Schicksalsschlag in irgendeiner Form.

Zum einen kann sie den Zufallscharakter betonen, zum anderen Probleme, die kaum zu bewältigen sind, beschreiben. Außerdem wird damit dem Betroffenen eine gewisse Hilflosigkeit zugeschrieben.

Allein diese wenigen Assoziationen zeigen, wie vieldeutig die Formulierungen sind, so daß sich der Inhalt des Vorspanns deshalb auch mit anderen Worten nur verallgemeinernd wiedergeben läßt.

An dem kurzen Textabschnitt wird der Schablonencharakter der Alltagsmetaphern deutlich: Nicht der bildliche Ausdruck ist das Anliegen beim Schreiben, sondern mit Hilfe von Fertigstücken der Sprache wird ein Sachverhalt stereotyp beschrieben. Der Journalist bleibt unbestimmt. Beim Lesen ergeben sich folgende Fragen:

Welche Probleme haben Häftlinge im Gefängnis?

Wie geht es nach ihrer Haft weiter?

Welche Einschränkungen hat die Familie durch den Häftling?

Wie behandeln Nachbarn, Freunde und Arbeitskollegen die Angehörigen?

Wie kann man ihnen helfen?

In dem Vorspann ist mit der Verwendung der konventionellen Bilder die Chance vertan worden, möglichst schnell und konkret in das Thema einzusteigen. Zwar wollte der Autor anschaulich schreiben, greift aber nur auf Allgemeinplätze zurück. Daran wird deutlich, daß diese Bilder derart verblaßt sind, daß sie nicht mehr bildlich veranschaulichen können.

Vorschlag
Verein bietet Hilfe für Ex-Häftlinge

Rainer L. hat in zwei Monaten seine Strafe für den Scheckbetrug verbüßt: „Aber meine Probleme fangen dann erst richtig an." Aussicht auf Arbeit hat er keine, und auch das Verhältnis zu seiner Familie ist schwierig. Seine Eltern leiden darunter, daß Nachbarn und Freunde sich zurückgezogen haben. Der Verein für Gefangenenhilfe in Limburg bietet Sträflingen und ihren Familien Hilfe für einen Neuanfang an. (Anmerkung 4)

Nach neunstündiger Sitzung und fast vierstündiger Haushaltsdebatte

Der 664-Millionen-Mark-Etat des Lahn-Dill-Kreises nahm mit den Stimmen von SPD und FWG die parlamentarische Hürde

Die CDU stellte keine Änderungsanträge, die von Bündnis-Grünen und Republikanern wurden abgelehnt / Letzte Sitzung der Legislaturperiode

Wetzlar / Dillenburg. Zuerst die gute Nachricht: Den Abgeordneten ist es gestern gelungen, ihren Guinness-Buch-verdächtigen Rekord von 1994 einzustellen: Sie legten mit der letzten die zugleich längste Sitzung in der zu Ende gehenden Legislaturperiode des Kreistags hin.

Gleich hinterher die schlechte Kunde: Mit Debatten dieser Güte haben die Kreisparlamentarier einmal mehr ein Paradebeispiel dafür geliefert, wie Politikverdrossenheit weiterhin gefördert wird.

Schade drum: Denn erstens ging es um sehr viel Geld; und zweitens hatte die Zusammenkunft mit der Ehrung langgedienter Lahn-Dill-Politiker so harmonisch begonnen.

Selbst der Vorgeschmack auf Brunos Brötchen hielt die Parlamentarier nicht davon ab, nach der Abwicklung von ein paar mehr oder weniger wichtigen Regularien noch einmal kräftig vom Leder zu ziehen. Schließlich stehen in drei Monaten Wahlen an, und da muß sich jeder – mit gut gemeinten Hintergrund-Tips an die beiden leidenden Pressevertreter – zu profilieren versuchen so gut es eben geht.

Als es im verbalen Schlagabtausch zwischen dem Grünen Klaus Hugo und dem Schwarzen Clemens Reif ganz heiß wurde, griff Bruno Richter zur Notbremse. Mitten in der

Traditionell eröffnete Hartmut Müller, der Vorsitzende des Haupt- und Finanzausschusses, die Aussprache. Der Braunfelser Christdemokrat empfahl die Annahme des Haushalts; er begründete zugleich die (später akzeptierten) Änderungen zum Vermögensplan, zu den Auswirkungen auf die Satzung sowie das Investitionsprogramm.

Nachdem Landrat Dr. Karl Ihmels („nur unter größten Anstrengungen war der Ausgleich des Etats möglich") diese Änderungen (vor allem wegen des Neubaus der Schule in Schöffengrund) noch einmal verdeutlicht hatte, schritt Oppositionsführer Hans-Jürgen Irmer ans Mikrofon.

Irmer (CDU): Geschönt und völlig unseriös

Der hatte sich auf seine „Abrechnung" mit der Kreisregierung bestens vorbereitet. Er ersparte sich (freilich die Arbeit, Änderungsanträge zu stellen; schließlich seien in den vergangenen zwölf Jahren mehr als 120 (.alle solide und mit Finanzierungsvorschlägen) abgelehnt worden.

Wie gleicht man etwas aus, was nicht auszugleichen ist, fragte Irmer eingangs. Seine Antwort: Fehlbeträge werden nicht ausgewiesen, die Rückumlage wird erhöht, die Rückstanz läßt man verkommen, und die Pflegeversicherung bringt sieben Millionen mehr in die Kassen.

Ende 1990 habe die Verschuldung noch 205 Millionen betragen, heute sind es 305 Millionen Mark, rechnete der CDU-Fraktionsvorsitzende vor. Der Schuldendienst sei von 9,1 Millionen im 1988 auf 17 Millionen Mark im kommenden Jahr gestiegen; und die Investitionen erreichten vom ehemals 53 Millionen mit jetzt 18 Millionen Mark einen „historischen Tiefstand".

Irmer kam von den landespolitischen (.Kurdenland Hessen unter Gerhard dem Großen") auf zahlreiche hausgemachte Probleme zu sprechen: Mehrkosten bei der Schülerbeförderung, Umzug der Kreisverwaltung, Taunusbahn und Schulbau in Schöffengrund. Seine Prognose: „Die Auswirkungen sehen wir im Nachtragshaushalt!"

Vor allem vermißte er im

Abstimmung entzog er dem einen das Wort, die anderen zwang er an die kalten Platten.

Nach der gut gemeinten Stärkung hatten sich die Gemüter beruhigt. Die Debatte über den Haushalt für das Rechnungsjahr 1997 wurde sachlich zu Ende geführt. Es war – nach sage und schreibe 23 Einzelabstimmungen – wie in den vorausgegangenen zwölf Jahren: Das Zahlenwerk wurde mit den Stimmen von SPD und FWG verabschiedet. CDU, Bündnis-Grüne und Republikaner votierten dagegen.

Das Haushaltsvolumen – einschließlich der Wirtschaftspläne der Kreiskrankenhäuser, des Besucherbergwerks Grube Fortuna, der Lahn-Dill-Akademie sowie des Eigenbetriebs Abfallwirtschaft – beläuft sich auf gut 664 Millionen Mark. Davon entfallen 327,4 Millionen in Einnahmen und Ausgaben auf den Verwaltungsteil und 46,5 Millionen Mark auf den Vermögensplan. Der Gesamtbetrag der Kredite beträgt fast 15 Millionen, die Verpflichtungsermäßigungen stiegen auf 4,1 Millionen: Die Nettoneuverschuldung des Lahn-Dill-Kreises liegt im nächsten Jahr bei rund 3,1 Millionen. Wermutstropfen für die Kommunen: Deren Umlage stieg von 40 auf 42 Prozent.

Freude unter den Koalitionären von SPD und FWG: Sie zählen zu jenen drei Kreisregierungen in Hessen, die einen ausgeglichenen Etat vorlegen konnten.

Christdemokrat eine aktive Wirtschaftspolitik; denn die habe unmittelbare Auswirkungen auf den Arbeitsmarkt. Er fragte ferner, welche kommunalen Dienstleistungen privatisierbar seien, und wertete das jüngste HLT-Gutachten als „schallende Ohrfeige für den Lahn-Dill-Kreis".

Irmer, in seiner Rede um Sprüche zu keinem Zeitpunkt verlegen, fragte erneut nach der Fachhochschule, nach der Landesanstalt für Obst- und Gartenbau, erkundigte sich nach der Zukunft des Behördenstandorts Dillenburg. Er forderte die Wiedereinstellung der um 10 Prozent gekürzten Sportfördermittel, er geißelte im selben Atemzug Weihnachtsbeihilfen für Asylbewerber, für Pro Familia, für die GWAB und vieles mehr. Das Fazit des CDU-Politikers: „Dieser Haushalt ist geschönt und unseriös. Er gibt keine Antworten auf die Fragen der Zukunft."

Drill (SPD): Haushalt auf gutem Fundament

Dies wollte und konnte Frank Drill so nicht stehenlassen. Der SPD-Fraktionsvorsit-

zende mühte sich redlich, nach dieser 45minütigen Abrechnung die Wogen wieder zu glätten. „Unser Kreis steht auf einem guten Fundament; der Etat ist von Sparsamkeit und Konsolidierung geprägt, er ist gemeindefreundlich", sagte der Finanzexperte: Irmers Wahlkampfentertainement würdige nicht die Ernsthaftigkeit der Lage.

Natürlich zeigte sich der Sozialdemokrat stolz, neben Waldeck-Frankenberg und Darmstadt-Dieburg zu jenen Kreisen zu gehören, die für 1997 ein in Einnahmen und Ausgaben ausgeglichenes Zahlenwerk vorlegen zu können. „Wir handeln der Situation angemessen: denn zur Sparsamkeit gehört Mut", sagte Frank Drill. Trotz allem würden nächstes Jahr 3,9 Millionen Mark an freiwilligen Leistungen gezahlt – .und dabei spielen Sozialdemokraten nicht den einen gegen den anderen aus".

Weitere wichtige Fundamente des Haushalts seien die Gemeindefreundlichkeit sowie die Kraft zu Investitionen. Als Beispiele nannte er den Neubau in Schöffengrund, die Schulsanierung in Frohnhausen sowie weitere Modernisierungsmaßnahmen.

„Wir lassen uns hier im Kreis nicht schlecht reden", resümierte Drill, der abschließend mit Kritik an der bürgerlichen Koalition in Wetzlar nicht sparte.

Mohr (FWG): Seit 12 Jahren Erfolgsbilanz

Wie immer hatten ihm seine beiden Vorredner viel vorweggenommen. So mußte sich FWG-Chef Erich Mohr kürzer fassen. Der Solmser lobte die „gute und sachliche Finanzpolitik an Lahn und Dill". Vom Schulsektor über die Abfallwirtschaft bis zu den Krankenhäusern dokumentierte er die Erfolgsbilanz der seit 12 Jahren regierenden Koalition.

Die Landkreise stehen mit dem Rücken zur Wand, meinte der Freie Wähler, der wiederum ein zeitgemäßeres Finanzausgleichssystem forderte. Daß von den 327 Millionen des Verwaltungshaushalts mit 186 Millionen rund 58 Prozent auf den Sozialbereich entfielen, verdeutliche, daß es so nicht weitergehen könne. Mohr sprach von einer „künftigen Aufgabe aller".

Der öffentliche Nahverkehr, der Abbau bürokratischer Hemmnisse, die Abfallwirtschaft und die Krankenhäuser waren weitere Themen von Mohr. An den freiwilligen Leistungen freilich könne man nicht mehr tun: Wer mehr verlangt, ist unseriös: Mehr ist einfach nicht drin.

Letztes Lob des Koalitionärs: „Der Kreis kommt ohne nennenswerte Nettoneuverschuldung aus."

Grothe (Bündnis-Grüne): Wo ist das Geld?

Klaus-Dieter Grothe fragte zu Beginn seiner Rede: Wo ist das Geld? Ist wenig da? Oder wird es falsch verteilt? Der Sprecher der Bündnis-

Grünen kritisierte die gigantische Umverteilung von unten nach oben, von öffentlichem hin zu privatem Vermögen.

Der Kreisregierung hielt er vor: „Es ist nicht so, daß wir wegen einer guten Finanzpolitik besonders gut dastehen: Wir haben einfach Glück gehabt, weniger Sozialhilfeausgaben als andere zu haben."

Für Grothe geht auch in Zukunft Wirtschaftlichkeit vor Sparsamkeit, sprich sturer Rotstiftpolitik. Darum vermißte auch er im Etat wirtschaftspolitische Initiativen - von der Jugend- über eine aktive Beschäftigungs- bis hin zur Sozialpolitik. Die schlüsselfertige Vergabe der Schöffengrunder Schule und die Gelder für die Taunusbahn seien für seine Fraktion nie unstrittig gewesen.

Grothe verlangte abschließend, den Rhein-Main-Verkehrsverbund kritisch zu hinterfragen und die Option auf einen mittelhessischen Zusammenschluß noch nicht aufzugeben.

Rompf (Rep): So kann es nicht weitergehen

Ehe der Abstimmungsmarathon - mit Unterbrechung - starten konnte, konstatierte Markus Rompf von den Republikanern: So kann es einfach nicht weitergehen. Die finanzpolitische Kuh Lahn-Dill-Kreis steht bald im trockenen." Die Praxis werde die Theorie Lügen strafen; seine Farben warteten gespannt auf den Nachtragsetat 1997.

Doch danach mußte Rompf noch einmal in dieser Legislaturperiode damit leben, daß die drei Rep-Anträge abgelehnt wurden; den insgesamt acht Änderungsvorschlägen der Grünen ging es nicht anders.

Anschließend machten SPD und FWG den Weg für den 664-Millionen-Mark-Etat frei.

Text 8

Einschätzung

Alltagsmetaphern: *Parlamentarische Hürde nehmen, kräftig vom Leder ziehen, verbaler Schlagabtausch, ganz heiß werden, zur Notbremse greifen, Wermutstropfen, etwas geißeln, im selben Atemzug, Wogen glätten, Landkreise stehen mit dem Rücken zur Wand, sture Rotstiftpolitik, den Weg freimachen*

Der Text ist ein typisches Beispiel, wie Journalisten mit Alltagsmetaphern versuchen, als trocken geltende Themen aufzulockern. Das Bemühen abstrakte Ausdrücke bildlich zu veranschaulichen, kann mit konventionellen Bildern nicht gelingen, weil sie ihre Bildkraft verloren haben. So dominiert der oberflächliche Ausdruck, der das genaue Verständnis verhindert. Diese negativen Eigenschaften wirken sich auf den gesamten Text aus.

Über die Bewertung der Alltagsmetaphern hinaus, erfüllt der Artikel auch nicht die Kriterien des Verständlichkeitsmodells (vgl. Kapitel 2). Der Text ist schlecht gegliedert, sehr lang, weder seine Ironie noch die Alltagsmetaphern können als anregende Zusätze gelten. Sie verwirren, da sie viel Vorwissen des Lesers voraussetzen und den Text unnötig verlängern. Das wichtige Kriterium der Einfachheit ist weder in der Gliederung und Ordnung noch in der Wortwahl erfüllt.

Wirkungsvoller und journalistisch angemessener wäre es gewesen, die Argumente des Streites sowie die Fakten der Auseinandersetzung und ihre Bedeutung für die Menschen im Lahn-Dill-Kreis aufzuzeigen. Daraus hätte sich der Leser die Inhalte der Sitzung selbst erschließen und zu einer eigenen Wertung kommen können.

Wegen der Länge des Textes wird nur auf die Sätze eingegangen, in denen Alltagsmetaphern auftreten, das heißt, daß den Einschätzungen der einzelnen Abschnitte jeweils neuformulierte Vorschläge folgen.

Einschätzung

Der 664-Millionen-Mark-Etat des Lahn-Dill-Kreises nahm mit den Stimmen von SPD und FWG die parlamentarische Hürde.

Indem der Journalist in der Überschrift das Bild der *Hürde* verwendet, macht er die Anstrengung der Politiker deutlich, die nötig war, um den Etat zu verabschieden. Diese politische Entscheidung vergleicht er mit einem sportlichen Wettkampf, bei dem es ums Gewinnen und Verlieren geht. Das Bild der *parlamentarischen Hürde* ist abgegriffen, weil damit immer wieder Streitigkeiten in politischen Gremien beschrieben werden. Zudem stellt es etwas als außergewöhnlich dar, was völlig normal ist. Denn jede politische Entscheidung wird im Parlament getroffen, und zwischen politischen Gegnern gibt es meist gegensätzliche Meinungen.

Vorschlag
664-Millionen-Mark Etat für Lahn-Dill-Kreis
SPD und FWG streiten erfolgreich für Haushalt

Einschätzung

Selbst der Vorgeschmack auf Brunos Brötchen hielt die Parlamentarier nicht davon ab, nach der Abwicklung von ein paar mehr oder weniger wichtigen Regularien noch einmal kräftig vom Leder zu ziehen. Schließlich stehen in drei Monaten Wahlen an, und da muß sich jeder - mit gutgemeinten Hintergrund-Tips an die beiden leidenden Pressevertreter - zu profilieren versuchen so gut es eben geht.
Die Situation während der Sitzung war offenbar vom Wahlkampfverhalten der Politiker geprägt. Deshalb stritten sie heftig über zum Teil unwichtige Punkte der Tagesordnung, um sich vor den Journalisten zu profilieren. Die Anspielung auf die bereitstehenden Brötchen soll auf den Leser offensichtlich erheiternd wirken und die Atmosphäre beschreiben. Sie ist aber zum einen verwirrend, zum anderen inhaltlich unwichtig.

Der Journalist verwendet das Bild *vom Leder ziehen* in einer Aufzählung von Ereignissen der Sitzung. Genau wie die Erläuterung des bereitstehenden Imbisses will er mit dem Bild die Stimmung beschreiben: eine kämpferische und heftige, fast schon aggressive Diskussion. Inhaltlich dagegen sagt dieses Bild nicht aus, wer sich eigentlich mit wem und worüber streitet. Der Journalist schreibt nicht, was passiert, sondern wertet die Atmosphäre bei der Sitzung. Deutlich wird das in der Aufzählung: *Vorgeschmack auf Brunos Brötchen, mehr oder weniger wichtige Regularien, vom Leder ziehen, Hintergrund-Tips an leidende Journalisten* und *profilieren so gut es geht.*

Der Journalist rückt sich als Teilnehmer in den Vordergrund. Man könnte meinen, er berichtet nicht für den Zeitungsleser, sondern oberlehrerhaft für die Politiker. Vielmehr hätte der Autor schreiben müssen, daß es im Kreistag einen Streit um den Haushalt gab; die Art des Streites hätte aber aus Zitaten ersichtlich werden müssen. Dann wäre diese Passage glaubhafter. Da die Argumente nicht geliefert wurden, ist bei dieser Passage kein Textvorschlag möglich.

Einschätzung

Als es im verbalen Schlagabtausch zwischen dem Grünen Klaus Hugo und dem Schwarzen Clemens Reif ganz heiß wurde, griff Bruno Richter zur Notbremse. Mitten in der Abstimmung entzog er dem einen das Wort, die anderen zwang er an die kalten Platten. Nach der gut gemeinten Stärkung hatten sich die Gemüter beruhigt.

Der Journalist verwendet auch hier eine Reihe von Alltagsmetaphern. Dabei zeigt sich, daß er sie falsch kombiniert, denn sie fördern kein konkretes Verständnis, sondern dienen nur der Wertung. Anstatt durch die gegensätzlichen Argumente und Meinungen der Politiker den Streit zu beschreiben, stellt er ihn anhand von wertenden und konventionalisierten Bildern sehr allgemein dar.

Eigentlich ging es in der Diskussion im Parlament um einen Streit zwischen einem Vertreter der Grünen und der Christdemokraten. Um die Diskussion zwischen den beiden Politikern zu beenden, entzog der Vorsitzende des Kreistages dem einen das Wort. Vermutlich ordnete er dann eine Pause der Sitzung an, in der die schon erwähnten Brötchen gegessen wurden. Nach der Unterbrechung ging die Diskussion dann etwas ruhiger weiter.

Der Autor will offensichtlich ironisch und ein bißchen humorvoll das Gehabe der Politiker kommentieren. Er verwendet aber konventionelle Bilder, die für diese Absicht viel zu übertrieben sind. Zum Beispiel kann man bei der Alltagsmetapher *verbaler Schlagabtausch* assoziieren: Zwei Seiten teilen Schläge aus. Mit dem Ausdruck *ganz heiß werden* sind Gefahr und Eskalation verbunden. Die Formulierung *zur Notbremse greifen* kann sowohl als letzter Ausweg oder als Form der Rettung interpretiert werden. Diese Bilder zeigen, daß dem Journalisten die möglichen Wertungen, die der Leser in die Ausdrücke hineindeuten könnte, gar nicht bewußt sind.

Daß er die Ausdrücke ungeschickt verwendet, zeigt sich auch daran, daß er sie falsch kombiniert: Ein *Schlagabtausch* kann nicht *ganz heiß* sein. Es heißt außerdem nicht *zur Notbremse greifen*, sondern *die Notbremse ziehen*.

Vorschlag

In ihrem Streit um die einzelnen Haushaltsposten haben sich der Grüne Klaus Hugo und der CDU-Politiker Clemens Reif angeschrien. Deshalb unterbrach Bruno Richter die Sitzung. In der Sitzungspause sollten sich die Parteien bei einem Imbiß wieder beruhigen.

Einschätzung

Wermutstropfen für die Kommunen: Deren Umlage stieg von 40 auf 42 Prozent.

Aus dem Textzusammenhang geht hervor, daß es einige positive Ergebnisse für die Kommunen gibt. Das einzig negative ist offenbar die *gestiegene Umlage* - das sind die vagen Fakten, die diesem Textauszug zu entnehmen sind. Der Satz ist abstrakt, seine Wörter stammen eigentlich aus der Amtssprache. Hier sieht man den Versuch des Journalisten, diese Sprache mit Hilfe einer Alltagsmetapher einzuordnen, denn vermutlich wissen viele Leser nicht, was die *Umlage* ist und ob ihr Ansteigen positiv oder negativ zu sehen ist. Mit dem verblaßten Bild des *Wermutstropfens* kommentiert der Journalist. Er hätte den Lesern besser die Fakten auflisten sollen, damit sie sich ihre eigene Wertung daraus hätten ableiten können.

Hinter dem Sprachgebrauch des Schreibers steht die Auffassung, sich vom Amtsdeutsch dadurch zu lösen, indem man es mit einer betont lockeren Wortwahl verbindet. Damit ist aber das Problem nicht gelöst, denn Amtsdeutsch soll vermieden oder erklärt werden. Zudem ist es stilistisch nicht angemessen, zwei so gegensätzliche Sprachstile wie Amtssprache und Umgangssprache miteinander zu vermischen. Hinzu kommt, daß *Wermutstropfen* altertümelnd ist, was den Kontrast zum Amtsdeutsch noch betont.

Vorschlag

Der Kreistag kann zufrieden sein: Die Politiker legen einen ausgeglichenen Haushalt vor. Lediglich die Umlagen für die Kommunen, also unter anderem die Gebühren an den Kreis, stiegen um zwei Prozentpunkte.

Einschätzung

Die Landkreise stehen mit dem Rücken zur Wand, meinte der Freie Wähler, der wiederum ein zeitgemäßeres Finanzausgleichsystem forderte.

Nach Ansicht eines Abgeordneten der Freien Wähler gibt es für den Landkreis nur die Möglichkeit, ein neues Finanzausgleichsystem zu schaffen. Es ist nicht ganz eindeutig, ob der Journalist das Bild als indirektes Zitat oder als zusammenfassende Wertung in eigenen Worten einsetzt. Wäre es ein indirektes Zitat des Abgeordneten, hätte es im Konjunktiv stehen müssen.

Mit dem Rücken zur Wand stehen signalisiert hier die Ausweglosigkeit der Situation; ausgedrückt werden soll offensichtlich auch eine Bedrohung. Unklar bleibt aber, von wem diese Bedrohung ausgeht und ob möglicherweise Politiker für das Scheitern des Systems verantwortlich sind. Auch hier hat das Bild wieder allein die Funktion einer Wertung und soll die schwierige Lage der Landkreise beschreiben.

Vorschlag

Nach Ansicht des Freien Wählers Erich Mohr sind die Landkreise finanziell in einer so schlechten Situation, daß ihnen nur ein neues Finanzausgleichsystem helfen könnte.

Einschätzung

Für Grothe geht auch in Zukunft Wirtschaftlichkeit vor Sparsamkeit, sprich sturer Rotstiftpolitik. Darum vermißt auch er im Etat wirtschaftspolitische Initiativen - von der Jugend- über eine aktive Beschäftigungs- bis hin zur Sozialpolitik.

Der Inhalt des Abschnitts läßt sich nur erahnen, da sich der Journalist abstrakter und sehr allgemeiner Floskeln bedient, ohne sie für den Leser zu übersetzen. Was die eine politische Richtung als Wirtschaftlichkeit bezeichnet, nennt die andere Sparsamkeit. Inhaltlich bleibt übrig: Grothe wendet sich gegen das extreme Sparen. Er fordert unter dem Stichwort *Wirtschaftlichkeit* den Einsatz für Jugend, Arbeit und Soziales und will, daß dafür Geld im Haushalt bereitgestellt wird.

Sture Rotstiftpolitik ist zum einen eine verallgemeinernde Wertung für den bereits unkonkreten Begriff *Sparsamkeit*, zum anderen ist sie eine deutliche politische Einmischung des Journalisten: Er bezeichnet mit seiner Alltagsmetapher das Vorgehen der Kreisregierung als *sture Politik* und wirft ihnen dadurch selbst vor, zuviel zu sparen.

Deutlich wird an dieser Alltagsmetapher die Absicht des Journalisten, den abstrakten Vorgang des Sparens mit dem Bild *Rotstift* zu veranschaulichen. Da die Alltagsmetapher selbst bereits mehrdeutig, verallgemeinernd und dazu ausdrucksschwach ist, kann sie diese Veranschaulichung nicht leisten. Übrig bleibt nur ihr wertender Charakter, und dieser ist nachrichtlichen Texten nicht angemessen.

Vorschlag

Grothe sagte, dem Kreis dürfe es nicht allein ums Sparen gehen. Vielmehr müsse Geld im Haushalt bereitgestellt werden für Jugend, Soziales und Arbeit.

Einschätzung

Anschließend machten SPD und FWG den Weg für den 664-Millionen-Mark-Etat frei.

SPD und FWG stimmten offensichtlich für den Haushalt. Irritierend ist allerdings das Bild, *den Weg frei machen.* Es klingt nämlich so, als hätten gerade die beiden Parteien während der vierstündigen Debatte dagegen gesprochen und sogar den Haushaltsentwurf abgelehnt. Und gerade das geht aus dem Text nicht hervor. Das spricht für die mißverständliche Verwendung dieses Bildes und zeigt wiederum, daß die Alltagsmetapher beim Leser Möglichkeiten für unterschiedliche Interpretationen läßt.

Vorschlag

Nach einer vierstündigen Diskussion über den 664-Millionen-Mark-Haushalt des Kreises kam es zur Abstimmung: Mit der Stimmenmehrheit von SPD und FWG wurde er verabschiedet.

Checkliste

- Alltagsmetaphern sind sprachliche Fertigstücke, die verallgemeinern anstatt zu veranschaulichen.
- Sie haben ihren Bildwert durch den häufigen Gebrauch verloren.
- Wegen dieser Eigenschaften erfüllen konventionelle Bilder nicht den Anspruch der Originalität.
- Alltagsmetaphern sind nicht geeignet, komplexe Zusammenhänge bildlich zu vermitteln.
- Sie sind immer wertend.
- Alltagsmetaphern sind zwar vertraut und geläufig, aber nur scheinbar verständlich.
- Die konventionellen Bilder sind nicht wörtlich zu verstehen, sondern müssen interpretiert werden. Deshalb können ihnen mehrere Aussagen zugeordnet werden: Alltagsmetaphern sind deshalb vieldeutig.

4.2 Wechsel im Ausdruck

Eine Möglichkeit für den Journalisten, Wechsel im Ausdruck zu erreichen, ist die Suche nach Umschreibungen für das eigentliche Wort. In der Literaturwissenschaft wird dieses Bemühen unter den Begriffen Metonymie und Synekdoche abgehandelt. Bei der sogenannten Metonymie handelt es sich um eine Namensvertauschung oder Umbenennung. Das eigentliche Wort wird durch ein anderes ersetzt, das zu ihm in realer Beziehung steht. Diese Beziehung kann zeitlich, räumlich, ursächlich, logisch oder erfahrungsgemäß sein (Wilpert 1989:570f.). Ein Beispiel für eine Metonymie ist der *Vierbeiner* für den Hund.

Die Synekdoche ist der Stilfigur Metonymie sehr ähnlich. Bei ihr steht die Wahl des engeren Begriffes statt des allgemeinen im Vordergrund (Wilpert 1989:913). Beispiele dafür sind: *Bonn* für die Bundesregierung, *Domstadt* für Köln, Mozart ist der *Komponist der Zauberflöte*.

In der Literaturwissenschaft wird vor allem die Synekdoche wieder in eine Reihe von Fachbegriffen differenziert. Für den Journalisten ist die definitorische Abgrenzung im Alltag unwesentlich, jedoch sollte er sie wiedererkennen, wenn er sich um Wechsel im Ausdruck bemüht:

- Ein Speziallfall der Synekdoche, die im Journalismus häufig vorkommt, ist das sogenannte pars pro toto (Teil für das Ganze) und das sogenannte totum pro parte (das Ganze für einen Teil). Das ursprüngliche Wort wird dabei durch einen engeren oder weiteren Begriff aus dem gleichen Bedeutungsfeld ersetzt. Diese Art der Ersetzung trifft bei dem Beispiel *Deutschland begrüßt die Queen* zu. *Deutschland* steht als Zusammenfassung für *einige tausend Menschen*, die in Deutschland am Straßenrand die Queen begrüßen (totum pro parte). *Wir wohnen alle unter einem Dach.* Das *Dach* steht als Teil für das gesamte *Haus* (pars pro toto).

- Ein beliebtes sprachliches Mittel zur Umschreibung ist auch die Ersetzung des Begriffs durch mehrere Wörter oder auch ganze Sätze (Periphrase). Dabei werden Merkmale des Wortes aufgegriffen, das umschrieben oder erklärt werden soll. Die *Blume der Liebe und Leidenschaft* ist die Rose.

- Schließlich gibt es die Möglichkeit, Eigennamen zu ersetzen (Antonomasie). Dies geschieht nach demselben Prinzip wie bei der Periphrase. *Der Komponist der Zauberflöte* steht für Mozart, Goethe ist der *Dichterfürst*, Erhard wird als *Vater des Wirtschaftswunders* bezeichnet, und Lippstadt wird umschrieben als *Venedig Westfalens.*

Die verschiedenen Formen der Synekdoche beruhen alle auf dem Prinzip der Ersetzung des eigentlichen Wortes, sie unterscheiden sich aber durch ihre Schwerpunkte. Der Journalist muß diese Stilfiguren nicht im jeweiligen Fall benennen können, ihm sollte jedoch der Unterschied zur Metapher klar sein.

- Die Metapher stellt einen Zusammenhang zwischen zwei Bildbereichen her. Die Ersetzung bleibt jedoch in einer Bildsphäre.

- Bei den Umschreibungen findet keine bildliche Übertragung statt.

Verständlichkeit von Umschreibungen

Im Gegensatz zur Metapher dienen die beschriebenen Ersetzungen weniger dem Schmuck eines Textes, da sie nur selten bildlichen Charakter haben. Deshalb wirken sie oft sachlicher und finden sich auch in informierenden und argumentierenden Texten. Einige Ersetzungen können dabei sprachökonomischen Charakter haben. Darüber hinaus kommen bei Umschreibungen auch wertende Funktionen zum Tragen; sie sind aber auf den ersten Blick weniger auffällig als bei der Metapher. Die zentrale Absicht des Journalisten, eine Umschreibung zu wählen, liegt darin, daß er sich möglichst individuell ausdrücken möchte.

Es ist sicher richtig, daß bestimmte Ausdrücke geradezu nach Ersetzungen verlangen, weil die offiziellen Bezeichnungen sehr umständlich sind. Das trifft besonders auf komplizierte Bezeichnungen zum Beispiel für Berufe zu. So ist es durchaus angemessen, den *Leiter des Haupt- und Organisationsamtes der Verwaltung* als *Verwaltungschef* zu bezeichnen. Jedoch birgt der verkürzende und verallgemeinernde Ersatz immer auch die Gefahr der Verschleierung, weil bestimmte Aspekte weggelassen werden. Bei *Bonn kürzt die Diäten* geht der Aspekt verloren, daß dies beispielsweise lediglich von der Koalition und nicht von allen politischen Parteien veranlaßt wird.

Außer den sprachökonomischen Funktionen dieser Stilfigur fallen in Artikeln aber auch gerade die Umschreibungen auf, die das ursprüngliche Wort nicht kurz und knapp ersetzen, sondern weitschweifig umschreiben. Dieses Phänomen wird im redaktionellen Alltag oft als blumiger Stil bezeichnet, geht aber immer mit einer starken Wertung einher, die oft zusätzlich mit einer Ungenauigkeit des Ausdrucks verbunden ist. Dieser Stil entsteht offensichtlich dann, wenn der Schreiber sich um einen Wechsel im Ausdruck bemüht, also auf der Suche nach Synonymen ist.

Beim Vergleich der Verständlichkeit von Umschreibungen und Alltagsmetaphern zeigt sich, daß die Ersetzungen weniger Interpretationsmöglichkeiten bieten. Dies läßt sich auf die direkte Beziehung zwischen dem ursprünglichen und dem ersetzenden Begriff zurückführen. Jedoch haben die Umschreibungen oft einen verallgemeinernden und stereotypen Charakter. Sie sind nicht immer genau und enthalten nicht alle Details des ursprünglichen Wortes. Während hier die Ungenauigkeit zu Unverständlichkeit führen kann, ist es bei der Alltagsmetapher die Interpretationsweite. Auch Umschreibungen werden ähnlich wie Alltagsmetaphern zum großen Teil nicht mehr als solche wahrgenommen. Ersetzungen wie *Bonn, Moskau* oder

Washington für die *Regierung des jeweiligen Landes* werden alltäglich verwendet. Es ist nicht notwendig, sich diesen Mechanismen zu widersetzen und auf der offiziellen Bezeichnung zu beharren. Vermeiden sollten Journalisten aber die schmückenden, blumigen Ersetzungen, die den Text unnötig längen und stereotyp sind. Zudem zeigen sie die schon fast mechanisierte Suche nach Synonymen um jeden Preis, anstatt den Begriff einfach zu wiederholen.

Beispiele: Umschreibungen

Siegener Polizei schaute Brummi-Lenkern besonders streng auf die Tacho-Scheiben

S i e g e n Die Polizei im Kreis Siegen hat den Brummi-Lenkern im abgelaufenen Jahr besonders streng auf die Tacho-Scheiben geschaut: 73 mußten daraufhin eine Zwangspause einlegen. Den traurigen Rekord stellte ein Lkw-Fahrer auf, der mit seinem 40-Tonner 33 Stunden lang ununterbrochen unterwegs gewesen war. Auch defekte Bremsen, abgefahrene Reifen, angerostete Fahrzeugteile und unsachgemäß verstaute Ladungen wurden des öfteren moniert; rund 100 ausländische Kapitäne der Landstraße mußten eine Sicherheitszahlung leisten, ehe sie weiterfahren durften.

Text 9

Einschätzung

Die beiden Ersetzungen *Brummi-Lenker* und *Kapitäne der Landstraße* sind blumige Umschreibungen für *Lastwagenfahrer*. Sie zeigen das Bemühen des Journalisten, einen möglichst saloppen Ausdruck zu verwenden, um die neutrale Bezeichnung *Lastwagenfahrer* zu ersetzen. Außerdem wird bei dem Ausdruck *Kapitäne der Landstraße* deutlich, wie Umschreibungen auch Elemente von Alltagsmetaphern enthalten können: Die Bezeichnung *Kapitän* aus dem Bildbereich der *Seefahrt* wird auf den Straßenverkehr übertragen. Ein Teil der Umschreibung besteht somit aus einer Alltagsmetapher.

Wie zuvor erläutert, zeigt sich hier, daß Umschreibungen nur dann angemessen sind, wenn sie komplizierte Bezeichnungen vereinfachen oder zusammenfassen. *Lastwagenfahrer* ist kurz und verständlich, deshalb sind Umschreibungen reine Spielerei. Weil beide Ersetzungen zudem abgegriffen sind, wird der Text durch sie nicht origineller. Deshalb sollten sie weggelassen werden.

Vorschlag

Wenn der Journalist nach Wechsel im Ausdruck strebt, kann er beispielsweise auf die sachlichen Ausdrücke *Fahrer, Fernfahrer, Lastwagenfahrer*
zurückgreifen.

Die Sanierungsarbeiten sollten 1996 abgeschlossen werden

Nach vollmundigen Versprechungen fiel der Bahnhof wieder in Tiefschlaf

Enterprise oder fehlende Mundharmonikamusik: der Bahnsteig am Weilburger Bahnhof

W e i l b u r g . Der Verwirklichung ihres „Drei-S-Pakets" (Service, Sauberkeit und Sicherheit) wolle die Bahn AG auch in Weilburg ein gehöriges Stück näherkommen tönte vor neun Monaten Sprecher Peter Goldstein und kündigte vollmundig an, daß noch im Jahre 1996 der Bahnsteigbereich am Weilburger Bahnhof saniert werden soll.

Anlaß von Goldsteins Erzählungen war eine Ortsbesichtigung der Weilburger CDU-Stadtverordnetenfraktion. Als besonders wichtig wurde dabei die geplante Sanierung von Treppenaufgang und Fußgängerunterführung angesehen, sind sie doch für viele Reisende der erste Eindruck von der „barocken Residenzstadt".

Doch das Jahr 1996 ist vorüber und der Weilburger Bahnhof präsentiert sich dort immer noch so, als wollte Sergio Leone ein Remake der berühmten Bahnsteigszene aus „Spiel mir das Lied vom Tod" drehen.

Bahnhof soll in die Prioritätenliste

Daher haben die Weilburger Christdemokraten jetzt in einem Schreiben an den Sprecher der Bahn AG an die

Nichts für zartbesaitete Seelen: die Weilburger Bahnhofsunterführung.   *(Fotos: Zimmermann)*

Versprechungen erinnert und auch die Bundestagsabgeordnete Bärbel Sothmann um Mithilfe gebeten, damit der Bahnhof Weilburg als besonders wichtige Baumaßnahme auf der Prioritätenliste der Bahn AG eingestuft wird.

Im Einzelnen erinnert die CDU-Fraktionsvorsitzende Christine Zips Bahn-Sprecher Goldstein an seine Zusage, wonach 1996

● der Bahnsteigsbereich saniert werden soll.

● Im Zuge dieser Arbeiten sollten die beiden Bahnsteige für ein besseres Ein- und Aussteigen auf Türhöhe angehoben werden.

Bei der Ortsbesichtigung hatten die Kommunalpolitiker auch den

➤ Bau einer Kundentoilette gefordert. Denn viele Bahnkunden würden ihr „Geschäft" bislang in den unterirdischen Gängen oder in der Nachbarschaft verrichten.

Goldstein, zuständig für den Geschäftsbereich Personenbahnhöfe, sagte zu, der Stadt eine gemeinsame Lösung anbieten zu wollen.

Mit einem

➤ behindertengerechten Aufzug wolle die Bahn AG, so ihr Sprecher im März 1996, körperlich eingeschränkten Kunden zudem den Weg von und zu den Gleisen erleichtern.

➤ Zwei kleine Wartehallen sollten darüberhinaus die Rei-

senden auf Bahnsteig 1 vor Wind und Wetter schützen.

Enttäuscht heißt es daher in dem Brief der CDU-Fraktion: Bedauerlicherweise wurde 1996 von all den beabsichtigten Sanierungsmaßnahmen nichts in die Wirklichkeit umgesetzt.

„Eingangstor in die barocke Residenzstadt"

Wir bedauern dies außerordentlich, ist für uns der Bahnhof doch ein sehr bedeutsames „Eingangstor in die barocke Residenzstadt". Die Bahn AG hat über den Grad der Attraktivität des gesamten Bahnhofsgeländes die Chance, auch in Weilburg an einem guten Image zu arbeiten.

Text 10

Einschätzung

Umschreibungen: *Barocke Residenzstadt, zartbesaitete Seelen*

Die „*barocke Residenzstadt*" hat der Redakteur gewählt, um den Namen der *Stadt Weilburg* zu ersetzen. Die Umschreibung geht auf die historische Entwicklung der Stadt zurück. Er verwendet die Stilfigur, um den Gegensatz zwischen der einst prachtvollen Stadt und ihrem heute offenbar unansehnlichen Zustand in der Bahnhofsgegend herauszustellen. Allerdings scheint der Journalist nicht vorauszusetzen, daß der Leser seine Umschreibung versteht, deshalb setzt er sie in Anführungszeichen. Dabei muß aber gelten: Entweder ist die Umschreibung nachvollziehbar, so daß sie keine Anführungszeichen benötigt, oder der Autor muß sie weglassen. Eine andere Deutung für die Anführungszeichen im Zusammenhang mit der Metonymie ist die vom Autor beabsichtigte Ironie: Der Reisende sieht alles andere am Bahnhof, nur nicht die Bauten der Barockstadt Weilburg.

Es ist üblich, in journalistischen Texten Städtenamen durch Metonymien zu ersetzen: Dabei werden Merkmale der Städte wie ihre Flüsse, ihre Bauwerke, ihre Geschichte, berühmte Persönlichkeiten oder andere Eigenschaften herangezogen.

Solche Ersetzungen sind aber weder originell, da sie seit langer Zeit häufig und immer wiederkehrend gebraucht werden, noch greifen sie zeitgemäße Merkmale der Städte auf. Bei den Eigenschaften handelt es sich um Stereotype, die kaum mehr als das Bemühen ausdrücken, andere Bezeichnungen für die Städtenamen zu finden. Dies wirkt oft gewollt.

Die Umschreibung *zartbesaitete Seelen* ist ungenau und läßt Interpretationsspielraum, weil nicht genau zu erkennen ist, für welche Menschen oder Bürger der Stadt dieser Ausdruck steht. Gemeint sein können *ängstliche* oder *vorsichtige* Menschen oder *alleinstehende Frauen*. Unklar bleibt darüber hinaus, wer mit *Seelen* gemeint ist: nur Weilburger oder auch Besucher? Das metaphorische Adjektiv *zartbesaitet* verleiht der Metonymie eine altertümelnde Stilfärbung, die sich auf den Satz auswirkt und bereits deshalb unpassend ist. Die Ersetzung durch das Wort *Seelen* ist zudem diffus, deshalb hat auch diese Umschreibung nur eine blumige Wirkung und keine sprachökonomische Funktion.

Vorschlag

Statt *zarbesaitete Seelen* könnte der Journalist etwa schreiben, *nichts für ängstliche Weilburger, nichts für ängstliche Besucher, nichts für alleinstehende Frauen, nichts für die, die großen Wert auf Sauberkeit legen.*

In der gotischen Marienkirche von Niederweidbach

Restaurierte Malerei prägt die beeindruckende Architektur

Die farbigen Ornamente des Wandrelief tragen zu der besonderen Atmosphäre der gotischen Kirche von Niederweidbach bei.
(Foto: Gerst)

Bischoffen-Niederweidbach In luftige Höhe begab sich der Kirchenvorstand der Evangelischen Kirchengemeinde Niederweidbach zusammen mit Dekan Dieter Schwarz. Galt es doch, einen Eindruck von den Restaurierungsarbeiten in der evangelischen Marienkirche zu bekommen. Mutig wurde die Gerüste hochgeklettert bis unter das Dachgewölbe.

Dort, im Reich von Restaurator Karl-Bernd Beierlein (Marburg) und seiner Mitarbeiter, wurden die Vertreter des Kirchspiels Niederweidbach für ihre Mühe mehr als belohnt.

Obwohl der Künstler lediglich ein Schwarzweißfoto von der früheren und längst verblichenen beziehungsweise übertünchten Decken- und Wandmalerei vorliegen hatte, ist es Beierlein gelungen, eine überaus dekorative Fassung vorzulegen, die von den Besuchern lobend gewürdigt wurde. Dank kleinerer Farbtupfer und Muster als Reste der letzten Renovierung von 1953 war es möglich, die ehemalige Farbgebung annähernd zu ermitteln.

Pudergold und Sandsteinfarben werden nun wieder die beeindruckende Architektur der gotischen Marienkirche prägen. Das gilt sowohl für die Kanten zwischen den Gewölbeteilen und die mit mittelalterlichen Motiven versehenen Schlußsteine als auch für die bezaubernden Jugendstilmalereien im Deckenbereich.

In Absprache mit dem leitenden Architekten Franz aus Ewersbach und Dekan Schwarz hatte Restaurator Beierlein auch ein Stück Wandfläche originaltreu hergerichtet. Dabei sind die Ornamente des Wandreliefs im Farbwechsel rot/grün gehalten. Eine Handhabung, die von dem Künstler mit den Worten kommentiert wurde: „Da die übrigen Farben sehr zurückhaltend wirken, soll der Farbwechsel im Fries Lebendigkeit und Spannung erzeugen."

Diese Rechnung scheint aufzugehen, denn schon jetzt war für die Besucher spürbar welche Aufwertung die fast 500jährige Kirche von Niederweidbach erfährt. Bis zum großen Jubiläum in 1998 werden die Restaurierungsarbeiten abgeschlossen sein.

Dann kann die Evangelische Kirchengemeinde Niederweidbach nicht nur einen bedeutsamen spätgotischen Altarschrein präsentieren (der momentan noch sicher verpackt ist), sondern auch eine sehr liebevoll und künstlerisch hervorragend restauriertes Kirchengebäude.

Text 11

Einschätzung

Ersetzungen: *luftige Höhe, das Reich von Restaurator Karl-Bernd Beierlein*
Die Umschreibung *luftige Höhe* ersetzt das Dachgewölbe der Marienkirche in Niederweidbach. Diese Ersetzung hat auch einen metaphorischen Bestandteil: Das unendlich Weite der Luft steht hier für die Höhe, in der die Arbeiten in der Kirche stattfinden. Dabei ist diese bildliche Angabe nicht konkret, und der Autor vergibt so die Möglichkeit, den Lesern einen tatsächlichen Eindruck der Höhe zu vermitteln. Er hätte zum einen die tatsächliche Meterhöhe angeben können, zum anderen hätte er durch Beschreibungen den außergewöhnlichen Arbeitsplatz in der Kirche charakterisieren können.

Die Umschreibung *im Reich von Restaurator Karl-Bernd Beierlein* steht für den Arbeitsplatz im Dachgewölbe der Kirche. Sie soll zum einen die Besonderheiten dieses Arbeitsortes aufzeigen, zum anderen ist es auch eine Anspielung auf das Reich Gottes. Der wertende Ausdruck deutet an, daß Beierlein hier oben der Chef ist. Diese Ersetzung wirkt nicht übertrieben, sondern fügt sich in den Zusammenhang, indem der Autor dieses Reich beschreibt. Auf diese Weise kann der Leser nachvollziehen, wie der Journalist zu dieser Einschätzung kommt. So ist die Rede von *Pudergold* und *Sandsteinfarben*, außerdem loben die Besucher die Arbeit des Künstlers. Trotz dieser Rechtfertigungen wäre eine Ersetzung nicht notwendig gewesen, wenn das Außergewöhnliche des Arbeitsplatzes und der Arbeit durch die Beschreibungen ausgedrückt worden wäre.

Vorschlag

Der Kirchenvorstand von Niederweidbach mußte klettern: Gemeinsam mit Dekan Dieter Schwarz stiegen die Männer und Frauen auf Baugerüsten 32 Meter in die Höhe bis unters Dachgewölbe der Marienkirche. Hier auf den schmalen Bohlen des Gerüstes stapeln sich Pudergold und Sandsteinfarben. Mit feinen Pinseln tupft Beierlein seine wertvollen Werkstoffe auf das Deckengemälde.

Checkliste

- Bei Metonymien und Synekdochen besteht immer eine unmittelbare Verbindung zwischen der Ersetzung und dem eigentlichen Wort. Dies ist das Unterscheidungsmerkmal zur Metapher.
- Bei den Umschreibungen findet keine bildliche Übertragung statt.
- Sie werden ähnlich wie Alltagsmetaphern zum größten Teil nicht mehr als solche wahrgenommen.
- Ersetzungen, die verkürzen, sind unproblematisch.
- Umschreibungen, die nur schmückenden und blumigen Charakter haben, längen den Text oft unnötig.
- Ersetzungen, die stereotyp verwendet werden, zeigen das mechanische Bemühen um Wechsel im Ausdruck.

4.3 Redewendungen, Sprichwörter, Zitate

Redewendungen, feststehende Ausdrücke, Sprichwörter und Zitate sind Wortgruppen, die aus mehreren Gliedern bestehen. Sie werden meist nicht wörtlich, sondern im übertragenen Sinne verstanden, weil sie oftmals auf Metaphern basieren. Beispiele dafür sind *Hände in den Schoß legen, wer nicht hören will, muß fühlen* oder *heißes Eisen*.

Zitate gehören insofern noch zu dieser Gruppe, als sie meist wie Sprichwörter im ganzen Satz als abschließende Wertung zu Artikeln gestellt werden. Zitate werden der Literatur, Liedern, Filmen entnommen oder sind geflügelte Worte von Prominenten.

Redewendungen

Den meisten Redewendungen wie *auf die Schippe nehmen* liegen Alltagsmetaphern zugrunde, die zu festgeprägten Wendungen geworden sind. Darüber hinaus gehen sie häufig auf Bilder zurück, deren Ursprung uns nicht mehr bewußt ist. Deshalb ist der metaphorische Charakter der Formulierungen nicht mehr offensichtlich.

Ein Beispiel dafür ist die Redewendung *auf den Nägeln brennen*. Als Erklärung für diese Redewendung vermutet man, daß sich die Mönche kleine Wachskerzen auf die Daumennägel klebten, wenn es im Winter während der Messe noch nicht hell genug war, um im Gebetbuch zu lesen (Duden 1992:505).

Ein Hauptmerkmal der Redewendungen ist, daß der Autor die Strukur der Wortgruppe beibehalten muß, oder nur geringfügig verändern darf. Nur so kann die nicht wörtlich zu nehmende Gesamtbedeutung erhalten bleiben. Diese Wendungen haben den Charakter von Einzelwörtern, die in den Text eingebaut werden können. Sie sind somit Bestandteile eines Satzes und bedürfen im Gegensatz zu Sprichwörtern weiterer Satzglieder.

Die Redewendung *ins Schwarze treffen* wird je nach Kontext und Aussageabsicht in einen Satz eingebaut. Sie kann nicht allein stehen. An diesem Beispiel wird deutlich, daß einige Redewendungen sowohl wörtlich als auch übertragen verstanden werden können. Wenn jemand zum Beispiel beim Schießen *ins Schwarze trifft*, ist dies zunächst wörtlich gemeint.

Für den journalistischen Gebrauch muß der Schreiber wissen, daß es freie Wortverbindungen gibt, die er verändern kann. Doch sollte er mit den festen Verbindungen sehr vorsichtig umgehen. Er muß die Regel beachten, daß er diese nicht verändern darf, auch wenn es in der journalistischen Fachliteratur immer wieder gefordert wird und als kreativ gilt. Teilweise wird geradezu empfohlen, feste Redewendungen je nach Kontext abzuwandeln. So schlagen die Leipziger Stilistiker vor, die Wendung *Was Hänschen nicht lernt...* zum Beispiel in *Was der Lehrling nicht lernt...* abzuwandeln. Sie sehen darin eine Möglichkeit, Texte aufzulockern, Leseanreize zu geben oder eine scherzhafte Stilfärbung zu erreichen (Karl-Marx-Universität 1981a:110)

Die Wissenschaftler messen dieser Abwandlung von Redewendungen eine so große emotionale Wirkung bei, daß sie sogar die Kombination verschiedener Redewendungen empfehlen. Sie raten, Wendungen aus ähnlichen oder gleichen Bildsphären miteinander zu verschmelzen. Ein Beispiel: *Wer keine rosarote Brille braucht, um die Dinge ins rechte Licht zu rücken.* Auch Sanders als Vertreter der westdeutschen Stilistiker sieht darin ein „stilistisches Feinmittel" (Sanders 1996:252).

Diese Empfehlungen sind aber für den Journalismus nicht angemessen, da es sich um eine Reihung umgangssprachlicher Phrasen handelt. In der Kombination verschiedener Redewendungen besteht für den Journalisten die Gefahr, Stilblüten zu produzieren.

Feststehende Ausdrücke

Kalter Kaffee, heißes Eisen, gesunder Menschenverstand, gesenkten Hauptes oder *leichten Schrittes* sind Beispiele für feststehende Ausdrücke, die stereotyp im Journalismus gebraucht werden. Das wesentliche Merkmal ist, daß keines der Elemente - weder Substantiv noch Attribut - austauschbar ist (Duden 1992:11). Man kann beispielsweise den *blinden Passagier* nicht durch den *sehschwachen Passagier* ersetzen. Diese stereotypen Fügungen unterscheiden sich zwar nicht in der Form aber in der Funktion von Ausdrücken wie *Italienischer Salat, künstliche Niere* oder *Rotes Meer*. Diese festen Wortverbindungen benennen etwas, werten es jedoch nicht.

Genauso wie Redewendungen sind auch feststehende Ausdrücke nur bedingt veränderbar. *Dicker Hund* für die Aussage, daß etwas ungewöhnlich ist, kann nicht abgewandelt werden in *großer Hund, zwei dicke Hunde* oder *schwergewichtiger Hund*. Darin besteht der Unterschied zu freien Wortverbindungen, denn ihre Abwandlung führt nicht zu einer Bedeutungsänderung. So kann ich statt *Mann und Frau* durchaus sagen, *Männer und Frauen* oder *männliche und weibliche Wesen*.

Schließlich werden gerade feststehende Ausdrücke auch im Journalismus gerne mit Klangformen, Reim und Rhythmik, verbunden. Meist handelt es sich um Wortpaare mit einem Stab- oder Endreim, auch wenn dies im Journalismus ungewöhnlich erscheint. Häufig wären sie durch ein einziges Wort ersetzbar. Sie werden aber trotzdem verwendet, weil sie einen Rhythmus erzeugen und so das Wortpaar betonen. Inhaltlich können beide Wörter entweder dieselbe Sache (Tautologie) oder ähnliches oder sogar gegensätzliches (Antonymie) benennen.

Beispiele dafür sind *in Bausch und Bogen, Land und Leute, hier und heute, Wind und Wetter*. Hier handelt es sich um Stabreime (Alliteration). Sie werden im Journalismus häufig verwendet, da der Stabreim durch denselben Anlaut von zwei oder mehr bedeutungstragenden Wörtern auch eine inhaltliche Verbindung über den Klang schaffen soll. Bei *Schritt und Tritt* oder *in Saft und Kraft, Stein und Bein, Saus und Braus* bestehen die Redewendungen aus Wörtern, die durch einen Endreim miteinander in Verbindung stehen.

Eine weitere Klangform ist die Assonanz, sie ist eine unreine Vorstufe des Reims und wird deshalb auch Halbreim genannt. Sie entsteht, wenn in zwei oder mehreren Wörtern die Vokale oder die Konsonanten einen Gleichklang erzeugen (Wilpert 1989: 55f.). Beispiele dafür sind *Eile mit Weile, fühlen und spielen, lechzen und krächzen.* Die Assonanz nimmt man längst nicht so direkt wahr wie den Stab- oder Endreim, und sie wird oft unbewußt benutzt.

Wenn dasselbe Wort oder derselbe Satzteil am Satzanfang wiederholt wird, spricht man von einer Anapher. Ein Beispiel aus der Literatur ist Goethes Zitat *das Wasser rauscht', das Wasser schwoll.* Die Anapher wird eingesetzt zur Hervorhebung, aber auch zur übersichtlichen Gliederung (ebd. 30). In dieser Funktion findet sich dieses Stilmittel auch in journalistischen Texten, aber eher in kommentierenden als in nachrichtlichen. Beispiele: *wer die CDU wählt,...wer die SPD wählt,... wer die Grünen wählt,....* oder *interessant ist,...interessanter ist,...*

Bei der Verschmelzung verschiedenartiger Sinneseindrücke spricht man von Synästhesie: *knallrot, helle und dunkle Töne, schreiende Farben, warme Stimme, scharfer Geschmack.* Diese Klangform ist bei stereotyper Verwendung wie bei *knallrot* schon völlig in die Alltagssprache eingegangen. Ihre ursprüngliche Funktion, die sinnliche Erfassung des Gegenständlichen, tritt in den Hintergrund. Oft wird die Synästhesie als Mittel zur Übertreibung (vgl. Kapitel 6) genutzt.

Bezeichnend bei Klangformen in journalistischen Texten ist, daß der Leser sie häufig nicht bewußt wahrnimmt. Der Grund liegt darin, daß es sich nur selten um eigene, individuell geschaffene Klangformen handelt. Meist werden sie ebenso stereotyp verwendet wie Redewendungen oder Alltagsmetaphern.

Sprichwörter und Zitate

Der Unterschied zwischen Sprichwörtern, Zitaten und Redewendungen liegt
vor allem auf der Satzebene: Bei Sprichwörtern, geflügelten Worten und
Zitaten aus Büchern, Filmen oder Liedern handelt es sich meist um ganze,
vollständige Sätze, die keiner Ergänzung mehr bedürfen und oftmals vollständig zitiert werden. Ihre Funktion ist zu kommentieren und zu verallgemeinern, außerdem haben sie belehrenden Charakter (Karl-Marx-Universität
1981a:87). In journalistischen Texten kennzeichnen diese Stilfiguren häufig
das Bemühen, einen Sachverhalt in einer sprachlich gefälligen Form wertend zusammenzufassen oder einleitend auf ein Thema im Vorspann einzu-
stimmen. So finden wir in Zeitungstexten häufig folgende Sprichwörter:

Der Spatz in der Hand ist besser als die Taube auf dem Dach

Wer nicht hören will, muß fühlen

Wo gehobelt wird, fallen Späne

Reden ist Silber, Schweigen ist Gold

Früh übt sich, was ein Meister werden will

Ein gebranntes Kind scheut das Feuer

Sprichwörter, geflügelte Worte und Zitate haben folgende Merkmale:

*   Sie treten in Aussage-, Ausrufe- oder Fragesätzen auf.

*   Sie sind volkstümlich und bildlich.

*   Sie werden zitiert, um mit der in ihnen enthaltenen Aussage einen Sach-
    verhalt zu kommentieren.

*   Sie drücken historisch-gebundene Lebensweisheiten aus, in volkstümli-
    cher und leichtverständlicher Sprache (ebd. 104).

Ähnlich wie die Redewendungen werden auch diese Stilfiguren häufig abgewandelt. Als gelungenes Beispiel gilt allgemein Goethes Ausspruch *Kennst
du das Land wo die Zitronen blühen*, den Erich Kästner in *Kennst du das
Land wo die Kanonen blühen* abänderte. Auch diesen Veränderungen werden in der Literatur große stilistische Wirkungen zugesprochen:

> „Die stilistische Wirkung dieser Modifikation beruht
> darauf, daß sich die Emotionalität, die die Sprich-
> wörter (...) und Zitate aufgrund ihrer Stabilität und
> einprägsamen Diktion besitzen, auch auf das neu
> hinzutretende Glied überträgt." (Karl-Marx-Univer-
> sität 1955:32)

Für diese Abwandlungen hinsichtlich des journalistischen Gebrauchs gilt
dasselbe wie für die Abwandlung von Redewendungen: Wenn sie nicht sehr
sorgfältig ausgewählt werden, mißlingen sie leicht.

Verständlichkeit der Stilfiguren

Redewendungen, Sprichwörter, Zitate, feststehende Ausdrücke und Klangformen bringen für den Journalisten die Gefahr mit sich, daß sie wegen ihrer
Bekanntheit als sprachliche Fertigbauteile benutzt werden. Sie kommen dem
Schreiber sehr entgegen, weil er sich keine Gedanken über eigene Formulierungen machen muß. Dies führt aber im Journalismus häufig zu Phrasen:

> „Wer nachlässig ist, macht sich dann nicht mehr die
> Mühe eigenständigen Fügens, er öffnet einfach die
> Schublade und holt unbesehen die sprachlichen Ge-
> brauchsmuster heraus." (Faulseit 1980:59)

Diese sprachliche Bequemlichkeit ist in diesem Zusammenhang vergleich-
bar mit der Verwendung von Alltagsmetaphern (vgl. Kapitel 4). Weniger als
der pauschale Vorwurf der Bequemlichkeit des Schreibers trifft wohl eher
zu, daß stereotype Sprachbausteine oft als naheliegende Ausdrücke für komplexe Zusammenhänge erscheinen.

Zwar sind diese Stilfiguren wegen ihrer Bekanntheit vertraut und eingängig,
aber sie erfüllen nicht das nach dem Verständlichkeitsmodell geforderte
Prinzip der Prägnanz (vgl. Kapitel 2): Sie verallgemeinern die Aussage stark
und können den Text unnötig verlängern.

Sie werden so häufig verwendet, daß man als Leser schon fast beim Thema
erraten kann, welche Formulierung im folgenden Artikel zu erwarten ist.
Dadurch hat man das Gefühl, daß Texte wie Bausteine zusammengesetzt
werden und dies widerspricht sowohl dem Prinzip der Originalität als auch
dem der Anschaulichkeit.

Es bedarf sprachlicher Sensibilität und Zeit, solche Bequemlichkeiten zu
vermeiden und statt dessen den treffenden, nicht gefügten Ausdruck zu finden. So schreibt auch Sanders:

> „Es gehört schon viel Sprachbewußtsein dazu, sich
> der Versuchung dieser 'vorgestanzten' Formulierun-
> gen des Sprachklischees zu entziehen, wie sie uns
> allen auf der Zunge und im Ohr liegen. Aber sosehr
> (sic) sie das Sprachverständnis in seinen einge-

schliffenen Bahnen erleichtern mögen - stilistisch
sind sie Gift!" (Sanders 1996:161)

Die Beurteilung dieser Stilfiguren unter Experten ist problematisch: Einerseits werden sie wegen ihrer guten Anwendbarkeit, ihrer stilistischen Wirkung und Fähigkeit zur Veranschaulichung gelobt, andererseits warnen dieselben Autoren vor ihrem floskelhaften Einsatz. Bislang gab es keine Hinweise von Sprach- und Stillehrern, was genau das Floskelhafte einer Redewendung oder eines Sprichwortes ausmacht.

Beispiele: Redewendungen, Sprichwörter, Zitate

Winterzauber auf dem Knoten

Mengerskirchen
Im Westerwald, da pfeift der Wind so kalt... Daß ein scharfes Lüftchen und Minusgrade nicht nur lästige Erkältungen zur Folge, son-dern auch durchaus positive Wirkungen haben, zeigt unser Bild. Im zauberhaften Winterkleid präsentierte sich gestern der Knoten. Der höchste Berg des Kreises Limburg-Weilburg bedeckt von eisigem „Zuckerguß" – ein Hochgenuß für Romantiker. Dicke Kleidung sollten sie bei ihrem Spaziergang allerdings tragen.

Text 12

Einschätzung

Stilfiguren: *Im Westerwald, da pfeift der Wind so kalt..., scharfes Lüftchen, im zauberhaften Winterkleid, bedeckt von eisigem Zuckerguß*

Im Westerwald, da pfeift der Wind so kalt..., ist ein Zitat aus einem volkstümlichen deutschen Lied. Korrekt heißt der Text *in dem schönen Westerwald, ja, da pfeift der Wind so kalt.* Mit dem Zitat als Einstieg will der Journalist eine bestimmte Stimmung vermitteln. Dabei setzt er darauf, daß dieses Lied bekannt ist und tatsächlich die Stimmung beim Leser hervorruft. Dem widerspricht allerdings der Ausdruck *Winterzauber*, da mit ihm die Stille einer unberührten, verschneiten Winterlandschaft assoziiert wird. Mit dem Ausdruck *scharfes Lüftchen* wird die Luft als eine fühlbare Erscheinung charakterisiert (Synästhesie), denn ihr wird eine verletzende Schärfe zugeschrieben. Zudem hat der Journalist den Ausdruck von einem feststehenden Ausdruck abgeleitet, denn richtig hätte die Wortverbindung *laues Lüftchen* geheißen.

Im zauberhaften Winterkleid ist eine Metapher. Sie wird synonym gebraucht für den *Schnee*, der den Berg Knoten bedeckt. Die Funktion dieser Metapher ist eine eindeutige Wertung: Der Journalist will nicht einfach *Schnee* schreiben, sondern dem Leser ein Gefühl für die Landschaft vermitteln und ihn zu einem Spaziergang ermuntern. Dieselbe Funktion hat der Ausdruck *bedeckt von eisigem „Zuckerguß"*. Der metaphorische Gebrauch von *Zuckerguß* geht auf das gemeinsame Merkmal von *Schnee* und *Zuckerguß* ein: Beide sind weiß und verdecken etwas. Die Metapher *Zuckerguß* reicht dem Journalisten nicht aus, er setzt noch das Adjektiv *eisig* davor. Außerdem will er das Bild *Zuckerguß* nicht allein für sich sprechen lassen, sondern markiert es zusätzlich mit Anführungszeichen. Auch bei diesem Beispiel ist die Metapher ein Synonym für *Schnee*.

An diesem Artikel wird sehr gut deutlich, daß die Stilfiguren oft gebündelt und kombiniert auftreten. In ihrem Zusammenspiel zeigt sich noch vehementer ihr floskelhafter Charakter. Zudem ist in diesem Beispiel offensichtlich, daß die Stilfiguren zum Thema Winter, Schnee und Kälte nicht genau zusammenpassen, da sie Unterschiedliches aussagen: So paßt zum Beispiel das *zauberhafte Winterkleid* nicht zum *scharfen Lüftchen*. Mit dem *Winterkleid* verbindet man angenehme Ruhe, Stille und Beschaulichkeit. Das *scharfe Lüftchen* steht dagegen für einen unangenehmen, kühlen Wind. Darüber hinaus ist *scharfes Lüftchen* an sich schon ein Widerspruch (siehe oben).

Genauso bildet das Zitat *Im Westerwald, da pfeift der Wind so kalt....* einen Widerspruch zum *zauberhaften Winterkleid* und zum *eisigen Zuckerguß*. Die Widersprüchlichkeit besteht inhaltlich darin, daß ein starker Wind das *zauberhafte Winterkleid* zerstören würde.

Die Verwendung solcher Stilfiguren, bei denen metaphorische Synonyme und Zitate in solcher Häufung miteinander verbunden werden, ist typisch für Bildtexte von Schmuckfotos. Der Journalist kann sich bei diesem Beispiel nur schwer auf die nachrichtliche Ebene beziehen, sondern soll die Stimmung des Fotos vermitteln. Dabei sollte aber eine vorgeprägte, floskelhafte Sprache vermieden werden, die weder inhaltlich noch in der bildlichen Übertragung schlüssig ist.

Vorschlag

Zeit für einen Winterspaziergang

Über Nacht hat sich der Knoten in eine Schneelandschaft verwandelt: Die Wege durch den Tannenwald sind kaum noch zu sehen. Bis jetzt gibt es nur Spuren von Rehen, Hasen und Vögeln. Wer Lust auf einen winterlichen Spaziergang hat, braucht deshalb nicht in die Alpen zu fahren. Denn auch auf dem höchsten Berg der Region findet der Wanderer Ruhe und Einsamkeit. Trotz der Sonne, die in 800 Meter Höhe durch die Wolken kommt, ist es frostig: Bei minus sieben Grad sind warme Schuhe, Schal und Mütze für den Schneespaziergang angebracht.

Tausende Wanderer beim Jubiläum der Aubacher Heimatfreunde

Pünktlich zum 30. IVV-Marsch lachte die Sonne vom Himmel

Mit Kind und Kegel wanderten die Teilnehmer des 30. IVV-Marsches gut gelaunt rund um Langenaubach – und manche offensichtlich auch gegen den Trend. (Foto: Klaus Dieter Schwedt)

Haiger-Langenaubach Der Auftakt konnte nicht besser sein: Nach dem naßkalten, trüben April-wetter lachte pünktlich zu den 30. Internationalen Volkswandertagen der Heimat- und Wanderfreunde Langenaubach die Sonne vom strahlend blauen Himmel.

Über 600 Teilnehmer marschierten bei der Zehn-Kilometer-Abendwanderung am Mittwoch in den Mai hinein, und mehr als 500 gutgelaunte Besucher ließen beim anschließenden Unterhaltungsabend mit der Blaskapelle „Die fidelen Münchhäuser" im Festzelt die Stimmungswogen hochschlagen. Der erste Teil 30. Geburtstag der Heimat- und Wanderfreunde alle Ehre.

Und gestern strahlten die Vereinsmitglieder um Iris Stahl dann mit der Sonne um die Wette: Schon in aller Frühe setzte der Ansturm auf die Zehn- und 20-Kilometer-Routen durch die idyllische landschaft rund um Langenaubach ein. Wie immer gab es allseits Lob für die vorbildliche Organisation und Streckenführung.

Keine Frage: Die Erwartungen auf rund 2500 Teilnehmer werden sich erfüllt haben (ausführlicher Bericht folgt).

Text 13

Einschätzung

Stilfiguren: *Sonne lachte vom Himmel, mit Kind und Kegel, strahlend blauer Himmel, gut gelaunt, Stimmungswogen schlagen hoch, alle Ehre machen, mit der Sonne um die Wette strahlen, in aller Frühe, keine Frage*

Bei dem Ausdruck *Sonne lachte vom Himmel* handelt es sich um eine Metapher, der eine Personalisierung zugrunde liegt. Die *Sonne* als *Himmelskörper* kann lachen wie ein Mensch. Zudem ist die Verknüpfung von *Sonne* und *Lachen* eine Synästhesie: Der Sonne werden hörbare Eigenschaften zugeordnet.

Mit Kind und Kegel ist eine Redewendung, die ursprünglich bedeutete *mit ehelichen und unehelichen Kindern* (Duden 1992:383). Heute wird die Formulierung verwendet um auszudrücken, daß man etwas mit der ganzen Familie unternimmt. Auch Freunde, Bekannte oder Großeltern können damit gemeint sein. Die Redewendung birgt zudem eine Klangform, die Alliteration. *Strahlend blauer Himmel* ist schon fast als feststehender Ausdruck einzuordnen, mit dem stereotyp gutes Wetter beschrieben wird.

Gut gelaunt ist ein feststehender Begriff, der ebenfalls schablonenhaft verwendet wird. Der verallgemeinernde Charakter macht sich daran fest, daß der Autor von 500 Wanderern pauschal sagt, sie seien guter Stimmung gewesen.

Stimmungswogen schlagen hoch ist eine bildliche Redewendung, die gespreizt wirkt, weil statt *Wellen Wogen* verwendet wird. Die Bildlichkeit stammt aus der Sphäre des Meeres. Die Stimmung wird mit einem Naturphänomen verglichen, das stürmisch und kraftvoll ist. Doch diese Übertragung ist dem Leser nicht mehr bewußt, da diese Redewendung immer dann für die Beschreibung von Veranstaltungen verwendet wird, wenn die Teilnehmer guter Laune sind; häufig auch sobald Musik gespielt wird.

Bei *alle Ehre machen* handelt es sich um eine häufig gebrauchte Redewendung. In dem Textzusammenhang steht sie als Lob des Autors für die Organisatoren der Wanderung.

Mit der Sonne um die Wette strahlen ist ebenfalls eine Redewendung, die ursprünglich aussagt, daß etwas sehr eifrig getan wird, um einen Wettkampf zu entscheiden. Im Text ist es wieder ein bildliches Synonym dafür, daß sowohl das Wetter als auch der Gemütszustand der Wanderer gut sind.

In aller Frühe ist ein feststehender Ausdruck, der altertümelnd wirkt und allgemein bezeichnet, daß etwas früh am Morgen stattfindet. *Keine Frage* ist eigentlich eine Verkürzung des Satzes *Das ist gar keine Frage*, womit man genau das Gegenteil ausdrücken und betonen will: Etwas ist *ganz gewiß*. Mittlerweile hat die Wendung *keine Frage* den Stellenwert einer festen Fügung, weil diese Verkürzung einer Meinungsäußerung schon ganz in die Umgangssprache eingegangen ist.

Bei dem Artikel handelt es sich um einen Veranstaltungsbericht, der aus Sprachschablonen besteht. Ganz häufig sind diese Berichte das Ergebnis des Terminjournalismus': Man merkt dem Artikel an, daß einige Fakten erfragt wurden wie Teilnehmerzahl, Anlaß, Verlauf der Wanderung und Programmpunkte wie Musik. Diese Fakten werden mit stereotypen Wetterbeschreibungen verknüpft, die auf die Stimmung übertragen werden, sowie Lob für die gute Organisation und Übertreibungen, was die Begeisterung der Teilnehmer angeht. Damit fällt der Journalist ein Pauschalurteil über die Wanderung, die auf jede andere Veranstaltung dieser Art auch hätte zutreffen können.

Vorschlag

30. Volkswandertag führt Hunderte durch den Westerwald

Iris Stahl freut sich: Mit so vielen Teilnehmern beim Volkswandertag der Heimat- und Wanderfreunde Langenaubach hatte die Vorsitzende nicht gerechnet. „Über 600 Wanderer mit ihren Familien standen schon am frühen Morgen vor dem Vereinshaus und wollten losmarschieren", sagt Stahl. Je nach Kondition entschieden sich die Teilnehmer für die zehn oder 20 Kilometer lange Strecke durch den Westerwald.

Für den Verein war es keine gewöhnlicheWanderung. Die Heimat- und Wanderfreunde feierten Jubiläum: Schon zum 30. Mal organisierten sie die Tour durch die Umgebung rund um Langenaubach. „Es ist wie immer eine tolle Strecke durch Wiesen und Wälder", sagt Herbert Müller, der schon zum 25. Mal dabei ist. Anders als in den vergangenen beiden Jahren schien diesmal pünktlich zum 1. Mai die Sonne, und das Thermometer stieg auf über 20 Grad.

Nach der Wanderung feierte der Verein mit seinen Gästen den Geburtstag
weiter im Vereinsheim. „Die fidelen Münchhäuser" spielten dazu Blasmusik
(Anmerkung 4).

Auf dem Rücken der Pferde

Dort liegt für Lena und Franziska aus Leun das Glück dieser
Erde. Die beiden Mädchen gehören zu den vielen jungen
Damen, die Vierbeiner mehr
mögen als alle anderen Hob-
bies. Mehr auf der Jungen Seite

Text 14

Einschätzung

Das Sprichwort *Auf dem Rücken der Pferde liegt das Glück dieser Erde*
wurde in den Textzusammenhang eingefügt, indem der Journalist es speziell
auf die beiden Mädchen *Lena* und *Franziska* bezieht. Das Sprichwort wird
immer gern dann zitiert, wenn jemand die Pferdebegeisterung von Reitern
beschreiben möchte.

Junge Damen wird als Synonym für die beiden Mädchen *Lena* und *Franziska* verwendet. Die Ersetzung von *Mädchen* durch den Ausdruck mit ge-
hobener Stilfärbung *junge Damen* hat in diesem Fall einen schmeichelnden
Charakter, ist bei anderen Gelegenheiten aber häufig spöttisch gemeint.

Vierbeiner ist in diesem kurzen Anreißer ein Synonym für *Pferd*. Es wird als
stereotyper Ersatz für alle Arten von Tieren vom Krokodil bis zum Meer-
schweinchen eingesetzt, meist aber für Hunde. Der Schreiber dieses kurzen
Artikels wollte vermeiden, noch einmal das Wort *Pferd* zu verwenden.

Das Sprichwort, das der Journalist hier benutzt, kann als sehr bekannt vorausgesetzt werden. Es verniedlicht die Pferdebegeisterung junger Mädchen,
die ihnen in einem typischen Alter zugesprochen wird. In diesem Zusammenhang taucht das Sprichwort immer wieder auf und ist deshalb stereotyp.
Hinzu kommt, daß der Journalist versucht, sich dieser Altersgruppe sprachlich anzunähern. Wenn er *junge Damen* statt *junge Mädchen* schreibt, geht
er davon aus, daß sich die Mädchen ernst genommen und anerkannt fühlen.

Vorschlag

Nach der Schule in den Pferdestall

Misten, striegeln und ausreiten - damit verbringen Lena und Franziska aus Leun am liebsten ihre Freizeit. Ihr Hobby teilen die beiden 14jährigen mit vielen anderen jungen Mädchen. Mehr auf der *Jungen Seite*.

Von nackten und schönen Sportlern

Ausgezogen, um reich zu werden

Nicht nackt – aber auch im Gymnastik-Dress »turnt« Magdalena Brzeska an. (Foto: Sven Simon)

Text 15

Einschätzung

In Überschrift und Bildzeile finden sich Stilfiguren wie *von nackten und schönen Sportlern, ausgezogen, um reich zu werden, „turnt"* an.

Die Dachzeile *von nackten und schönen* lehnt sich an festgeprägte Formulierungen wie *von Guten und Bösen* an. Solche Formen findet man in der Literatur wie beispielsweise bei dem Buchtitel von John Steinbeck *Von Mäusen und Menschen* („Of mice and men").

Die Überschrift *Ausgezogen, um reich zu werden* ist eine Abwandlung des Grimmschen Märchentitels *Märchen von einem, der auszog, das Fürchten zu lernen*. In diesem Zusammenhang wird das abgewandelte Zitat als Wortspiel verwandt, denn hier geht es nicht um das räumliche *Ausziehen* im Sinne von *Weggehen*, sondern um das *Ablegen* der Kleider.

„Turnt" an ist ein in der sehr saloppen Umgangssprache und unter Jugendlichen bekannter Anglizismus. In der saloppen Umgangssprache im Deutschen ist es ein Synonym für *anmachen*. Es ist im eigentlichen Sinne sexuell gemeint, doch wird es mittlerweile auch für die Einschätzung verwendet, *mir gefällt etwas besonders gut*.

Als Bildunterzeile wird es hier für die Sportlerin Magdalena Brzeska doppeldeutig verwandt: Wenn man das englische Wort *turnt* mit dem deutschen Sinn liest, bedeutet es *turnen*. Im übertragenen Sinne soll es heißen, daß die Sportlerin sehr attraktiv ist und mit ihrer Ausstrahlung bestimmte Gefühle beim Zuschauer erweckt. Auf diese Doppeldeutigkeit weist der Journalist mit Hilfe der Anführungszeichen hin.

Das Zusammenspiel von Dachzeile, Überschrift, Foto und Bildunterzeile wirkt sehr anzüglich. Diese Anspielungen und Abwandlungen von Zitaten und Wortspielen sind typisch für Themen, die an der Grenze zum Erlaubten beziehungsweise Anzüglichen liegen. Keine seriöse Zeitung würde schreiben: *Brzeska zieht sich aus, um mit Augenaufschlag, großem Busen und langen Beinen Geld zu machen.* Deshalb wird diese Aussage mit Hilfe von Stilfiguren verklausuliert. Doch trotzdem rufen die Formulierungen die beabsichtigten Assoziationen hervor und transportieren denselben Inhalt.

Vorschlag

Für einen angemessenen Textvorschlag fehlen die nötigen Informationen. Sicher hätten die Themen Sportlerin, Austrahlung, Erotik auch in einer anderen Form behandelt werden können. Ein Ansatzpunkt wäre die Tatsache gewesen, daß Brzeska immer wieder von einschlägigen Medien wie dem *Playboy* aufgefordert wurde, sich nackt fotografieren zu lassen, dies aber abgelehnt hat.

Schwerste Entscheidung des Jahrzehnts in Bischoffen

Parlament gab Kindergarten in Niederweidbach grünes Licht

Text 16

Einschätzung

Grünes Licht geben ist eine feststehende Formulierung, die in dieser Überschrift falsch verwendet wurde. Es fehlt das Wort *für*, das wahrscheinlich aus Platzgründen weggelassen wurde. Die Wortverbindung hat bildlichen Charakter (vgl. Kapitel 4), es handelt sich um eine *Zug*-Metapher, die verallgemeinernd und stereotyp verwendet wird. Daß die Redewendung verkürzt und damit falsch angewandt wurde, hängt in Überschriften häufig mit dem Umbruch zusammen.

Inhaltlich weiß der Leser nach der Dachzeile und der Überschrift nicht, um welche Entscheidung es in bezug auf den Kindergarten geht. Möglich ist entweder, daß Niederweidbach überhaupt einen Kindergarten bekommt oder daß ein zweiter gebaut wird. Auch könnte der bestehende Kindergarten eine Erlaubnis für irgendeine Neuerung erhalten haben. Deshalb ist die Überschrift vieldeutig und verwirrend.

Vorschlag

Streit im Bischoffener Parlament beendet

Niederweidbach bekommt Kindergarten

Auf dem Weg zum Abi Englisch pauken mit »Abbi«

21jährige Engländerin ist bis zum Schuljahrsende an der Clemens-Brentano-Schule in Lollar als Assistenzlehrerin tätig

Text 17

Einschätzung

Die Formulierung *Abi mit „Abbi"* gibt sich den Anschein einer Stilfigur des Reimes. Der Reimcharakter beruht auf der deutschen Aussprache der Abkürzung *Abi* für *Abitur* und dem englischen Namen *Abbi*. Außerdem soll die Formulierung durch die ähnliche Schreibweise den Charakter eines Wortspieles haben und dadurch amüsant wirken. Mit den Anführungszeichen wird der in Deutschland unbekannte englische Name *Abbi* gekennzeichnet. Die Ähnlichkeit wird für das Wortspiel benutzt, das sehr gewollt wirkt.

Zudem ist es verwirrend und deshalb schwer verständlich. Dies wird noch dadurch verstärkt, daß der Name *Abbi* in Anführungszeichen gesetzt wird, was sonst bei Namen nicht üblich ist. Man kann dem Journalisten zugute halten, daß er das *Rätsel* nicht erst im Text, sondern schon in der Unterzeile löst. Eine verständlichere Überschrift wäre jedoch vorzuziehen.

Vorschlag

Engländerin übt in Lollar mit Schülern fürs Abitur

Umzug mit Sack und Pack...

Lich   Mit Sack und Pack zogen gestern die Siebtkläßler (hier die R 7a mit Lehrerin Brigitte Bastel) in ihre funkelnagelneuen Klassenräume an der Dietrich-Bonhoeffer-Schule in Lich ein. Am Freitag hatte bereits das achte Schuljahr seine neuen Räume in Besitz genommen, morgen werden als letzte die Neuntkläßler in das neue Haus umziehen. In dem für acht Millionen Mark errichteten Anbau erhalten die Jahrgänge 7 bis 9 je eine eigene Etage, die sie nach eigenen Vorstellungen gestalten können, für die sie sich aber auch verantwortlich fühlen sollen. Deshalb hat Schulleiter Folker Bayer die Jugendlichen in Jahrgangsgesprächen auf den Umzug vorbereitet. (Foto: Geck)

Text 18

Einschätzung

Mit Sack und Pack ist eine Redewendung in Reimform. Die Klangform, die der Redewendung zugrunde liegt, ist ein Binnen- und Endreim. Ursprünglich bedeutete *mit Sack und Pack* das, was man in Säcken oder in Packen verstauen konnte. Gemeint ist damit also der gesamte bewegliche Besitz (Duden 1992:600). Die Redewendung ist allgemein bekannt, die Assoziationen können deshalb beim Leser auch nicht weit auseinandergehen.

Die Redewendung hat jedoch in der Überschrift überhaupt keinen inhaltlichen Aussagewert, da man nicht weiß, wer wohin umzieht. Dies verstößt gegen journalistische Nachrichtenprinzipien. Der Journalist ist der Versuchung einer Klangform erlegen und hält sich nicht an die übliche Vorgabe, daß in der Überschrift die Aussage des Textes enthalten sein muß.

Vorschlag

Schüler beziehen Räume
im neuen Anbau in Lich

Checkliste

- Redewendungen, feststehende Ausdrücke, Sprichwörter und Zitate sind sprachliche Fertigstücke, die häufig verallgemeinern.
- Sie veranschaulichen nur vordergründig.
- Sie sind nicht prägnant und können den Text unnötig verlängern.
- Sie sind zwar leicht einsetzbar, aber nicht originell.
- Sie haben häufig metaphorischen Charakter und damit nur noch einen verblaßten Bildwert.
- Sie enthalten oft eine Klangform und sind so geläufig, daß ihre lautlichen und rhythmischen Elemente nicht mehr wahrgenommen werden.
- Sie sind emotional und wertend.

4.4 Der Vergleich

Der bildliche Vergleich steht in enger Verbindung zur Metapher. Wie bei dieser findet eine bildliche Übertragung von einer Sache zu einer metaphorischen Bezeichnung statt. Diese Übertragung wird aber ausdrücklich verdeutlicht durch das Wort *wie*:

Bei dem Satz *der Fortschritt geht so langsam vorwärts wie eine Schnecke* handelt es sich um einen bildlichen Vergleich. Die Formulierung *die Schnecke Fortschritt* ist eine Metapher, weil die Analogie nicht mehr ausdrücklich erwähnt wird. Darüber hinaus haben Vergleiche in festen Fügungen zusätzlich zu ihrem bildlichen Charakter eine Nähe zu Redewendungen (vgl. Kapitel 4.3).

In der Literatur wird der Vergleich als Hinführung zur Metapher charakterisiert. So sagt Sanders:

> „Der wie-Vergleich ist schon der erste Schritt zum
> bildlichen Ausdruck, indem der zu erläuternde, meist
> schwierige Sachverhalt auf dem Wege der Analogie
> in einem anderen, leichter zugänglichen Sinnbereich
> seine Verdeutlichung findet." (Sanders 1996:247)

Wie bei der Metapher treten auch Vergleiche in unterschiedlicher Qualität auf. So gibt es neue und originelle, aber genauso auch stereotype Vergleiche, die den Alltagsmetaphern entsprechen. Sie sind dem Leser so geläufig, daß der bildliche Charakter verblaßt ist und der Vergleich kaum noch Ausdrucksstärke hat. Die Wertung steht deshalb durch den Vergleich im Vordergrund und nicht mehr die bildliche Aussage (Michaelis/Böttger 1988:48). Wegen dieser Merkmale und ihrer häufigen Verwendung kann man deshalb analog zur Alltagsmetapher von Alltagsvergleichen sprechen, zum Beispiel *hart wie Stahl, groß wie ein Riese, weiß wie Schnee.* Bei dem Alltagsvergleich gelten bei der Wertung dieselben Kriterien wie bei der Alltagsmetapher (vgl. Kapitel 4.1). Deshalb sollte der stereotype Vergleich von Journalisten vermieden werden.

Wie bei den Metaphern kann es auch gelingen, einen treffenden Vergleich selbst zu finden. Dabei muß sich der Journalist im klaren sein, daß er mit dieser Stilfigur immer eine Wertung ausdrückt.

Beispiel: Vergleich

Alkoholisierter Autofahrer war nicht zu bremsen

45 000 Mark Schaden durch Trunkenheitsfahrt

B r e i d e n b a c h (id). Alkohol beflügelt – diesen Eindruck muß wohl ein 66 jähriger Autofahrer gehabt haben, der am Samstagabend im Laufe einer Trunkenheitsfahrt auf der B 253 nach Niederdieten hohen Sachschaden angerichtet hat. Wie durch ein Wunder war bei der Tour niemand verletzt worden.

Der Mann war auf der B 253 in Richtung Niederdieten unterwegs, als er infolge des tiefen Blickes ins Glas den Verlauf der Straße nicht mehr richtig wahrnahm.

Er kam zu weit nach rechts und prallte gegen einen geparkten Lkw. Offenbar ungerührt setzte der Mann seine Reise fort, um etwa zwei Kilometer später mit einem entgegenkommenden Ford Sierra zu kollidieren.

Auch dieser Zwischenfall brachte den 66 jährigen nicht zum Halten. Wieder fuhr er weiter, ohne sich um den Unfall zu kümmern.

Die Polizei konnte ihn jedoch ermitteln, kümmerte sich insbesondere um die chemische Zusammensetzung seines Blutes und behielt den Führerschein ein.

Text 19

Einschätzung

Bei der Formulierung *wie durch ein Wunder* handelt es sich um einen stereotypen Vergleich. Im Gegensatz zum originellen Vergleich ist der Vergleichscharakter dem Leser so geläufig, daß er trotz seiner bedeutungsvollen Aussage völlig verblaßt ist. Im Vordergrund steht auch hier die Wertung: Der Journalist faßt mit dem Vergleich zusammen, welches Glück seiner Ansicht nach nötig war, daß es bei dem Unfall keine Verletzten gab. Dieser Vergleich hat einerseits durch seinen alltäglichen Gebrauch und andererseits durch seine Bildlosigkeit an Wirkung verloren. Der Journalist wollte mit diesem Beispiel den Polizeibericht über eine eigene Einordnung des Unfalls interessanter machen und die Elemente des Amtsdeutschs wie *alkoholisiert, Trunkenheitsfahrt, kollidieren* damit auflockern.

Es wäre angemessener gewesen, den Leser durch die Beschreibung und Gliederung der Fakten selbst urteilen zu lassen. Die Einmischung des Autors erscheint nicht nur wegen der beschriebenen Wertungen, sondern auch wegen der Abgegriffenheit der Formulierungen als nicht gelungen. Zudem werden Autounfälle häufig schmunzelnd mit ganz ähnlichem Vokabular erzählt, wenn der Fahrer betrunken war und trotzdem nichts passierte.

Vorschlag

45.000 Mark Schaden durch betrunkenen Autofahrer

Ein 66jähriger Mann ist am Samstag abend auf dem Weg nach Niederdieten so betrunken Auto gefahren, daß er einen Lkw rammte, weiterfuhr und schließlich noch mit einem weiteren Wagen zusammenstieß. Bei der Fahrt wurde niemand verletzt. Es entstand ein Schaden von 45.000 Mark.

Checkliste

- Alltagsvergleiche sind abgegriffen und nicht mehr originell.
- Sie sind immer wertend.
- Sie nehmen dem Leser das eigene Urteil vorweg.

5   Bürokratendeutsch

Mit dem Etikett Bürokratendeutsch versieht man in der Umgangssprache Formulierungen, die umständlich, abstrakt und gespreizt wirken. Sprachlich entsteht dieser Eindruck durch drei Merkmale:

- Viele Substantivierungen

- Substantivierte Verben, die mit ausdrucksschwachen, sogenannten blassen Verben, verbunden sind

- Wörter aus dem Amtsdeutsch

Solche Ausdrücke wirken in journalistischen Texten abstrakt und stehen damit im direkten Kontrast zur bildlichen Sprache (vgl. Kapitel 4). Das Bürokratendeutsch wird häufig als Oberbegriff verwendet, wo Fachwörter den Lesefluß unnötig beeinträchtigen. Beispiele dafür sind *Problematik, zur Kenntnis nehmen, Maßnahme ergreifen, Verwendung finden, Personenschaden, Abfallbeseitigungsgesetz.*

Während die bildliche Sprache in Redaktionen trotz ihrer Floskelhaftigkeit immer wieder empfohlen wird, sind Journalisten gegenüber dem Bürokratendeutsch vorsichtiger. Es ist verpönt, Pressemitteilungen von Behörden, zum Beispiel der Polizei, einfach abzuschreiben. Trotzdem findet man deren Formulierungen im Amtsdeutsch immer wieder in Artikeln. Wenn Journalisten die abstrakten Ausdrücke in ihre Texte aufnehmen, kann es dafür mehrere Gründe geben: Zum einen sind übernommene Wörter in Pressemitteilungen und ähnlichen Texten häufig so abstrakt, daß sie nur schwer durch einen konkreten Ausdruck ersetzt werden können. Andere Formulierungen werden aus reiner Bequemlichkeit oder Gedankenlosigkeit übernommen: Ein möglicher Grund für die Verwendung ist aber auch ihre Prestigewirkung, das heißt, man signalisiert dem Leser durch komplizierte Formulierungen sein Fachwissen (vgl. Kapitel 3).

5.1 Abstrakte Sprache

Typisch für abstrakte Sprache sind viele Substantivierungen, weil sie als Oberbegriffe eine Reihe von Inhalten zusammenfassen können. Sie sind an den Endsilben *-ung, -heit, -keit, -igkeit, -schaft, -tum, -ei, -ik, -atik, -ismus, -ität* zu erkennen. Wegen ihrer Fähigkeit, komplexe Inhalte zusammenzufassen, sind sie vor allem in Fachsprachen und in der Wissenschaft als Oberbegriffe sehr verbreitet.

Substantivierungen können nicht nur aus Verben, sondern auch aus Adjektiven und Substantiven gebildet werden. Beispiele dafür sind *Hebung* und *Spaltung* für Ableitungen aus Verben, *Freiheit* und *Sicherheit* für Ableitungen aus Adjektiven und *Freundschaft* und *Problematik* für Ableitungen aus Substantiven.

Die vielen Substantivierungen gehen auf zwei Tendenzen der Gegenwartssprache zurück:

• Die Suche nach neuen Oberbegriffen und Verallgemeinerungen

• Die Sprachökonomie, die der Zusammenfassung komplexer Inhalte dient (Pötschke 1978:9)

Über die einfachen Substantivierungen hinaus gibt es in unserer Sprache unzählige Zusammensetzungen aus Substantiven, Adjektiven und Verben wie *Hochhaus, Dachdecker, Garagentor, Kunstlehrer* etc. Sie werden gebildet, um umständliche Umschreibungen abzukürzen. Sie sind im Sprachgebrauch selbstverständlich, und niemand käme auf die Idee, sie zu kritisieren und zu vermeiden.

Diejenigen Substantive und Zusammensetzungen, die von Seiten der Stilistiker und auch der Journalisten vor allem kritisch gesehen werden, sind solche, die dem Amtsdeutsch entlehnt sind und dadurch kompliziert, inhaltsleer oder verallgemeinernd sind. Statt hilfreich für die Sprache zu sein, machen sie sie umständlich und abstrakt. Meist sind diese Wörter durch Formulierungen mit Verben zu ersetzen.

So kritisiert Reiners das Amtsdeutsch als Papierstil:

> „Der Papierstil schädigt das Denken - wie alle Stil-
> krankheiten. Wer die Natur der Dinge in einem
> schwerfälligen Umstandsstil verhüllt und verfälscht,
> wer Taten nicht als Taten ausdrückt, wer in verwik-
> kelten Perioden jeden Schwung der Leidenschaft
> auffängt, der sieht, urteilt und handelt auch anders
> als natürliche, schwungvolle Menschen." (Reiners
> 1991:157)

Reiners will, daß der Schreiber so schreibt wie er redet. Seiner Ansicht nach
würde daraufhin niemand mehr so „künstlich", „so kraftlos" und „so tot"
(ebd.) schreiben. Er steht damit in der Tradition der Sprachkritiker des 18.
und 19. Jahrhunderts, die Substantivierungen als *Verhauptwortung* oder
Substantivitis beklagen.

Da die deutsche Gegenwartssprache von vielen Substantivierungen geprägt
ist, muß man sie jedoch differenzierter als Reiners betrachten. Zu recht sehen Pötschke und Sanders in der grundsätzlich negativen Bewertung der
Substantivierungen ein Mißverständnis (Pötschke 1978:6; Sanders 1996:
173ff.). Vielmehr ist zu bedenken, daß Substantivierungen heute charakteristisch für unsere Gegenwartssprache sind:

> „Die 'Verhauptwortung' unserer Sprache, (...), ent-
> spricht offenbar einem zeitgemäßen Drang nach
> 'Verdichtung' aller Aussageformen: Eine Kompri-
> mierung des sprachlichen Ausdrucks, die auch mit
> der stilistischen Forderung nach 'Knappheit' über-
> einstimmt und notwendigerweise einen höheren Ab-
> straktheitsgrad unserer Gebrauchssprache ein-
> schließt."(Sanders 1996:173)

Dasselbe gilt auch für Formulierungen, in denen das Verb nur noch geringe
Bedeutung hat. Beispiele dafür sind *Einfluß nehmen, Arbeit leisten, in Betracht ziehen, Verwendung finden* oder *Aufgaben übertragen bekommen.*
Sie sind häufig in Pressemitteilungen von Behörden, Parteien, Unternehmen
und Verbänden zu finden. Für sie ist typisch, daß das Verb im Satz nur noch
geringe Bedeutung hat. Die Aussage, die sonst vom Verb getragen wird,
verlagert sich auf die Substantive. Dennoch braucht der Satz ein Verb, deshalb tauchen in solchen Sätzen bevorzugt *blasse* Verben auf. Grammatika-

lisch läßt sich das Funktionsverbgefüge damit erklären, daß die grammatikalische Funktion des Verbs auf zwei Wörter verteilt wird.

Für diese Fügungen eignet sich eine spezielle Gruppe von Verben, die an sich schon bedeutungsarm sind, wie *ermöglichen, vornehmen, erfolgen, vollziehen, verrichten, garantieren, gewährleisten, sichern* und *dienen.* Diese Reihe ließe sich noch weiter fortsetzen (Pötschke 1978:33).

In der journalistischen Fachliteratur werden diese Wortverbindungen immer wieder als 'Blähstil' kritisiert, vor allem weil sie den Satz verlängern. Besonders die ostdeutschen Stilistiker und Sanders verweisen jedoch darauf, daß sie zum Teil eine tatsächliche Sinnverschiebung gegenüber den einfachen Verben beinhalten (Pötschke 1978:15ff.; Sanders 1996:177). So kann es beispielsweise einen Unterschied zwischen *beschießen* und *unter Beschuß nehmen* geben (vgl. Kapitel 4.1).

5.2 Fach- und Fremdwörter

Fach- und Fremdwörter wie *Integration, Daten-Highway, Girlies, Resistance, Aminosäuren* stellen sowohl den Leser als auch den Journalisten vor Probleme. Der Leser empfindet sie je nach Bildung als neu, unbekannt oder unverständlich. Der Journalist muß täglich entscheiden, ob und wie er seinen Lesern Fach- und Fremdwörter vermittelt. Wegen der Themenvielfalt stößt er auf immer neue Wissensgebiete und muß erst für sich und dann für seine Leser neue Vokabeln erfassen, einführen und übersetzen. Bei Fach- und Fremdwörtern stellt sich mehr noch als bei Stilfiguren die Frage nach der Verständlichkeit. Dabei ist bei der Vermittlung bestimmter Themen und Wörter die Einschätzung der Zielgruppe wichtig. Es stellt sich für den Schreiber die Frage, welche Ausdrücke er voraussetzen kann und welche nicht. Beispielsweise wird jede 14jährige Leserin einer Jugendseite verstehen, was mit *Girlie* gemeint ist, eine 70jährige dürfte damit schon mehr Probleme haben.

In der journalistischen Fachliteratur wird prinzipiell vor dem Gebrauch von Fach- und Fremdwörtern gewarnt. Der Vorschlag, auf solche Ausdrücke zu verzichten, ist in der Praxis nicht realisierbar. Darüber hinaus sind Fach-

und Fremdwörter auch unterschiedlich schwer verständlich. Beispielsweise kann man bei *Operation* oder *Gymnastik* das Verständnis voraussetzen, weil sie im Alltag so selbstverständlich geworden sind, daß sie nicht mehr als Fach- oder Fremdwörter wahrgenommen werden (vgl. Kapitel 3.2.). Sie stammen ursprünglich aus Wissenschaft, Technik, Politik und Handwerk. Die fachsprachlichen Wörter haben innerhalb der verschiedenen Disziplinen unterschiedlichen Charakter:

• Sie sind eine Mischung von fremdsprachlichen und muttersprachlichen Anteilen wie *Infrarot.*

• Sie sind Fremdwörter wie *Computer, Hifi* oder *Internet.*

• Sie existieren als Fremdwörter und muttersprachliche Übersetzungen wie *Intoxikation* und *Vergiftung* nebeneinander.

• Sie werden übertragen gebraucht aufgrund von Ähnlichkeiten in Form und Funktion wie *Zahnrad* oder *Fuchsschwanz.*

• Sie enthalten Eigennamen wie *Röntgenstrahlen.*

• Sie sind Wörter aus der Alltagssprache, die im jeweiligen Fachgebiet definiert werden wie *Brücke* im Bauwesen, in der Zahnmedizin und in der Gymnastik.

• Sie sind Wortschöpfungen aus Zusammensetzungen, Ableitungen, Kürzungen und Neubildungen wie *Computertechnologie* (Karl-Marx-Universität 1981a:63).

Erst aus diesen verschiedenen Entstehungsweisen ergeben sich später entsprechend Schwierigkeiten für das Verständnis beim Leser. Bei Fremdwörtern ergeben sich Unterschiede für ihre Verständlichkeit in dem Maße, wie sie als solche wahrgenommen werden, oder wie sie im alltäglichen Gebrauch selbstverständlich sind. So sind alle europäischen Sprachen von den Nachbarsprachen beeinflußt worden, ohne daß dies im Sprachgebrauch bewußt ist oder Schwierigkeiten bereitet. Bei Fremdwörtern gibt es unterschiedliche Abstufungen in ihrer Bekanntheit:

• Lehnwörter: Sie sind vollständig in die deutsche Sprache eingegangen wie *Mauer* von lateinisch *murus.*

• Geläufige Fremdwörter: Trotz ihrer Verwendung im Deutschen behalten sie ihre ursprüngliche Form wie *Interesse, Party* oder *engagieren.*

• Wissenschaftliche Fremdwörter: Zum Teil sind sie so in die Alltagssprache eingegangen, daß sie vom Großteil der Menschen verstanden werden wie *Methode* oder *Kapitalismus.* Neuere Begriffe, die noch nicht als allgemeinverständlich gelten können, sind Begriffe wie *Sample, implizieren* oder *Neurozyten*.

* Zitatwörter: Sie werden meist im Zusammenhang mit speziellen Themen verwendet wie *Black Power* oder *Resistance* (Seiffert 1977:99ff.).

Verständlichkeit von Bürokratendeutsch

Substantivierungen sowie Fach- und Fremdwörter werden in journalistischen Fachbüchern zusammenfassend unter dem Begriff abstrakte Sprache oder Bürokratendeutsch kritisch bewertet. Sie stehen danach dem journalistischen Prinzip entgegen, anschaulich, konkret und verständlich zu schreiben. Trotzdem werden Fügungen mit blassen Verben und Substantivierungen häufig verwendet. Der Journalist greift aus ganz ähnlichen Gründen zu ihnen wie er dies bei Alltagsmetaphern oder Redewendungen tut. Die Formulierungen liegen bereit und bieten sich unter Zeitdruck als vorgeprägte Ausdrücke an.

Abstrakte Begriffe sind so beliebt, weil sie komplexe Inhalte kurz zusammenfassen. Deshalb sind abstrakte Formulierungen besonders häufig in Überschriften und Texten zu finden, die zu extremer Kürze zwingen wie Meldungen und Nachrichten (Pötschke 1977:10).

Die Entscheidung für oder gegen solche Ausdrücke muß jedoch an den Prinzipien Angemessenheit und Verständlichkeit überprüft werden. Das bedeutet, daß es durchaus akzeptable abstrakte Formulierungen gibt. So sollte man zwar jede Substantivierung überdenken, doch kann sie auch durchaus im Textzusammenhang angebracht sein. Es wäre übertrieben, jede Substantivierung zwanghaft durch ein Verb ersetzen zu wollen. Sanders zieht deshalb die Grenze zwischen angemessenem Gebrauch von Fügungen mit blassen Verben und dem sogenannten Amtsdeutsch folgendermaßen:

> „Funktionsverbgefüge haben immer dann ihre Berechtigung, wenn sie bereits eine mehr oder weniger abweichende Eigenbedeutung aufweisen, wenn sie unterschiedliche Aktionsarten des Vorgangs ausdrücken (...) oder wenn sie einer anderen Stilebene angehören als das Grundverb." (Sanders 1996:177)

Dasselbe gilt für Substantivierungen. Das Problem der abstrakten Sprache liegt darin, daß sie häufig selbst dann verwendet wird, wenn sie nicht aus Gründen der Bedeutung oder Wirkung erforderlich ist. Schließlich sind in

Zeitungstexten Zusammensetzungen mehrerer Substantivierungen zu finden, die sich inhaltlich doppeln. Dafür bieten sich besonders Komposita mit Wörtern wie *Arbeit, Faktor, Projekt, Problem, Basis, Mittel, Situation* oder *Geschehen* an.

> „Das Klischee der Zusammensetzung wirkt so stark, daß nicht selten Bildungen entstehen, die als überflüssige 'Aufschwellungen' empfunden werden: 'im Regelfalle' statt 'in der Regel', 'die Einkommenssituation' statt 'das Einkommen'." (Fleischer zit. nach Pötschke 1978: 38)

Es gibt Situationen, die zum Gebrauch solcher Ausdrücke verleiten. Der Journalist sollte jeweils überdenken, ob er sie nicht vermeiden kann:

* Werden sie *ohne Übersetzung* aus Pressetexten von Behörden, Parteien und Unternehmen übernommen?
* Werden sie nur benutzt, um die schwierige und zeitintensive Suche nach konkreten Wörtern zu vermeiden?
* Möchte der Journalist den offiziellen Charakter der abstrakten Sprache auf seinen Text übertragen?

Der Journalist nutzt nach Ansicht von Joachim Pötschke diese Formulierungen, weil ihre Bildung „keinen besonderen gedanklichen Aufwand erfordert" (Pötschke 1978:22). Eine weitere Gefahr liegt darin, daß durch die Aneinanderreihung und Kopplung von Substantivierungen und Fügungen derartig viel zusammengefaßt wird, daß das Verständnis der Aussage erheblich erschwert wird. In diesem Fall ist die Wortwahl für den journalistischen Kontext nicht mehr angemessen, sondern gleicht dem Amtsdeutsch. Josef Kurz weist darauf hin, daß der Schablonencharakter der Substantivierungen und Funktionsverbgefüge nicht nur auf den jeweiligen Ausdruck zutrifft, sondern sich auf den gesamten Satz auswirkt:

> „Ihr ständiger Gebrauch führt beim Leser zu der suggestiven Meinung, nicht nur diesen Aussageteil, sondern den ganzen Zusammenhang, die gesamte Aussage schon irgendwie zu kennen. Die Aussage erscheint ihm nicht neu." (Kurz zit. nach Pötschke 1978:44)

Dies zeigt, daß die abstrakte Sprache trotz ihrer zum Teil berechtigten Funktion sehr vorsichtig verwendet werden sollte. Wie bei allen sprachlichen

Mitteln muß der Journalist auch hier seine Entscheidung bewußt treffen. Die abstrakte Sprache ist nur dann angemessen, wenn

- ihre Aufschlüsselung in Verbalformen zu inhaltlichen Ungenauigkeiten führen würde

- Funktionsverbgefüge inhaltlich eine andere Bedeutung haben als ihre Vollverben

- Substantivierungen und Fügungen bewußt wegen ihrer sprachlichen Wirkung eingesetzt werden

Da die Vermittlung von Themen aus unterschiedlichen Fachgebieten heute eine große Bedeutung hat, ist außerdem eine „massive Vermittlung von Fachtermini an die Öffentlichkeit" (Jung 1994:672) zu beobachten. Zum einen wird daraus klar, daß Fachvokabular im Journalismus nötig ist, zum anderen ist unbestritten, daß diese Termini auch aus Prestigegründen verwendet werden, denn die Wörter gelten als „wissenschaftlich begründet, unangreifbar, sachlich objektiv (...)" (Haß 1991:161).

Das prinzipielle Problem für die Verständlichkeit entsteht dann, wenn fachsprachliche Wörter in die Umgangssprache eingehen. Die Verständnisschwierigkeiten sind dabei unterschiedlich: So sind Wörter wie *Zahnrad* oder *Brücke* wegen ihrer Anschaulichkeit leichter verständlich als Wörter wie *Intoxikation*. Während diese Wörter in einem Fachzusammenhang eindeutig und präzise sind, werden sie in der Umgangssprache oft vieldeutig und vage. So täuscht das gemeinsame Vokabular darüber hinweg, daß es sich hierbei um zwei unterschiedliche Wissens- und Sprachebenen handelt (vgl. Kapitel 3.2).

Eine besondere Form der verwissenschaftlichten Umgangssprache hat Uwe Pörksen untersucht. Er spricht von sogenannten Plastikwörtern, die einen doppelten Transfer hinter sich haben: Bei ihnen handelt es sich um Wörter, die ursprünglich aus der Umgangssprache stammen. Die Wissenschaft hat sie jedoch für sich entlehnt und neu definiert. Anschließend sind sie wieder als Fachwörter in die Umgangssprache zurückübertragen worden. Beispiele dafür sind Wörter wie *Austausch, Dienst, Information, Kontakt, Problem, Prozeß, Service, Strategie* oder *Zentrum* (Pörksen 1992:78f.). Bei diesen Plastikwörtern verstärken sich noch die negativen Eigenschaften von Fachwörtern, indem sie zudem austauschbar, abstrakt und mehrdeutig sind. Dies macht sie für Journalisten schwierig: Da Plastikwörter ungenau sind, ist es schwer, sie durch anschauliche Begriffe zu ersetzen. Oft ist die vage Bedeutung in Form eines Plastikwortes gewollt, da der Sprecher sich so bewußt ungenau ausdrücken kann. Häufig zu beobachten ist diese Absicht in der politischen Sprache (vgl. Kapitel 6).

Pörksen sieht das größte Problem der Plastikwörter darin, daß sie nicht in aufsehenerregender Weise, sondern „als lautlose Selbstverständlichkeit" (Pörksen 1992:61) verwendet werden. Auch wenn im Journalismus diese Unterscheidungen zwischen Plastikwörtern und anderen Fachwörtern in der Umgangssprache nicht getroffen werden, kann man davon ausgehen, daß die Bedeutung beider Gruppen für die journalistische Sprache ähnlich ist.

Wenn es darum geht, Prestigewirkung zu erzielen, werden Plastikwörter und andere Fachwörter ähnlich beliebig eingesetzt. Als Beispiel dafür werden immer wieder Ausdrücke zitiert, durch die der Schreiber seine Leser mit vermeintlichem Fachwissen beeindrucken kann. Beispiele dafür sind Formulierungen wie *konzentrierte Organisationsprogrammierung, synchrone Wachstumstendenz, ambivalente Aktionsstruktur* oder *qualifizierte Interpretationspotenz* (Broughton nach Schneider 1984:27). Bei diesen Ausdrücken wird deutlich, daß es sich nur um fachsprachliche Reihungen handelt, die inhaltsleer sind. Werden sie verwendet, läßt sich dies leicht als *Imponiergehabe* des Schreibers entlarven.

Schwieriger ist die Verständlichkeit bei solchen Wörtern einzuschätzen, die vom Journalisten eingeführt werden müssen, um das *Spezialthema* überhaupt zu vermitteln. Bei diesen Fachwörtern handelt es sich häufig um Fremdwörter. Eine Untersuchung der Leipziger Wissenschaftler hat ergeben, daß viele Fachwörter in journalistischen Texten oft nicht richtig oder gar nicht verstanden werden. Die ostdeutschen Stilistiker fordern deshalb, „daß die Allgemeinverständlichkeit von Fach- und Fremdwörtern keineswegs zu hoch angesetzt werden darf" (Karl-Marx-Universität 1981a:67). Als schwer verständlich erwiesen sich - bei der allerdings länger zurückliegenden Untersuchung - Wörter wie *Festival, Kapazität, Rationalisierung* oder *legal* (Karl-Marx-Universität 1981b:75ff). Bei diesen Beispielen handelt es sich um Wörter, bei denen der Journalist wohl kaum Verständnisschwierigkeiten beim Leser vermutet.

Bei Fach- und Fremdwörtern gibt es solche, die der Leser nicht als einzelnes Wort versteht, es aber im Kontext einordnen kann. Für den Journalisten ergibt sich daraus die Frage, wie *tief* das Verständnis des Lesers bei einem Fach- oder Fremdwort sein muß. Es ist oft im Alltag unumgänglich, Fachtermini einzuführen, jedoch müssen sie sofort und ohne weitere Fachwörter zu verwenden erläutert werden.

Beim Vergleich der Verständlichkeit von Fach- und Fremdwörtern ist die des Fachwortes problematischer: Während beim Fachwort die Vieldeutigkeit zu Mitbedeutungen und Mißverständnissen führen kann, liegen die Verständnisprobleme bei Fremdwörtern auf der reinen Wortebene.

Beispiele: Bürokratendeutsch

Pkw in ein Schaufenster geschleudert
Autofahrer flüchtete nach dem Unfall

Bad Camberg Im Kurvenbereich der B 8 in Bad Camberg geriet ein Pkw gegen 21.30 Uhr auf schneeglatter Fahrbahn ins Schleudern und prallte auf der gegenüberliegenden Straßenseite gegen ein geparktes Fahrzeug. Durch die Wucht des Anstoßes wurde der geparkte Pkw in eine Schaufensterscheibe gedrückt. Neben der zerbrochenen Scheibe entstanden auch Schäden an dahinter befindlichen Einrichtungsgegenständen. Der Fahrer flüchtete nach dem Unfall. Sein Pkw konnte in Selters aufgefunden und sichergestellt werden, da das vordere Kennzeichen am Unfallort zurückgeblieben war. An der Wohnanschrift des 29jährigen Fahrzeughalters traf die Polizei jedoch niemand an. Der Sachschaden beläuft sich auf etwa 23 000 Mark.

Text 20

Einschätzung

Bürokratendeutsch: *Kurvenbereich, schneeglatte Fahrbahn, geparktes Fahrzeug, entstandene Schäden, dahinter befindliche Einrichtungsgegenstände, konnte aufgefunden und sichergestellt werden, Kennzeichen, Unfallort, Wohnanschrift, Fahrzeughalter, Sachschaden beläuft sich*

Kurvenbereich ist eine Zusammensetzung. Der Journalist koppelt *Kurve* mit dem abstrakten und inhaltsleeren Wort *Bereich*. Aus dieser Kombination entsteht ein tautologischer Ausdruck; *Kurve* hätte dasselbe ausgesagt wie *Kurvenbereich*.

Schneeglatte Fahrbahn ist im Gegensatz zu einem Ausdruck wie *Kurvenbereich* der Versuch, sprachökonomisch zusammenzufassen. Der Journalist ersetzt mit zwei Worten den ganzen Satz *Die Straße war glatt, weil es zuvor geschneit hatte. Fahrbahn* ist ein Synonym für das Wort *Straße*, das häufig in Polizeiberichten verwendet wird. Es erscheint sehr sachlich und ist in seiner Wirkung dem Papierdeutsch zuzuordnen. Dasselbe gilt für den Ausdruck *geparktes Fahrzeug*. Zwar handelt es sich bei dem Partizip Perfekt strenggenommen ebenfalls um eine sprachökonomische Absicht. Sie ist allerdings völlig alltäglich. So wird deutlich, daß *geparkt* erst im Zusammenspiel mit *Fahrzeug* bürokratisch und wenig anschaulich wirkt.

Entstanden Schäden an dahinter befindlichen Einrichtungsgegenständen - der Journalist versucht auch hier, mehrere Sachverhalte sprachlich zusammenzufassen. Dies erreicht er durch Kopplungen wie *an dahinter befindlichen*, was die *Einrichtungsgegenstände* räumlich einordnet. Dabei bleibt er inhaltlich abstrakt und dadurch sehr allgemein. Er benennt nicht, was tatsächlich durch den Unfall in dem Laden zerstört wurde. An diesem Beispiel wird deutlich, daß die sprachökonomische Absicht genau das Gegenteil erreicht: *dahinter befindlich* ist länger als der eigentlich richtige Ausdruck *dahinter*.

Die Formulierung *konnte aufgefunden und sichergestellt werden* kommt auf dieselbe Weise zustande: Die Beschreibung ist länger als nötig, vor allem durch die Kombination des Passivs mit dem Zusatz *konnte*. Außerdem sind die beiden Partizipformen *aufgefunden* und *sichergestellt* typische Konstruktionen der Polizeisprache.

Kennzeichen ist ein Synonym aus der Fachsprache der Verwaltung für das normalsprachliche Wort *Nummernschild*.

Das zusammengesetzte Wort *Unfallort* ist ein Synonym für die direkte Bezeichnung des Ortes, an dem der Unfall passierte. Mit dieser Umschreibung wird der Satz zu einem einzigen Ausdruck gestrafft.

Wohnanschrift ist eine unnötige Dopplung für *Anschrift*. Zudem ist *Wohnanschrift* im Satzzusammenhang falsch verwendet worden: Die Polizei kann den Mann nicht an der *Wohnanschrift* antreffen, sondern nur *in einer Wohnung* oder *vor einer Wohnung*.

Fahrzeughalter ist ebenfalls eine Bezeichnung aus der Verwaltungsfachsprache und wirkt gespreizt. *Fahrzeughalter* ist ein unnötiges Synonym, das man viel leichter durch die Worte *Fahrer, Besitzer des Wagens* oder *der Mann* ersetzen könnte.

Der Ausdruck *Sachschaden* macht die Absicht des Journalisten deutlich, daß er in einem Wort verdeutlichen wollte, daß der Fahrer nicht verletzt wurde. Parallel dazu wird in Zeitungstexten das Wort *Personenschaden* verwendet, wenn jemand verletzt wurde. Es handelt sich wiederum um eine Bezeichnung aus dem Amtsdeutsch, die eine Differenzierung nach Sachen und Personen enthält, die sonst umgangssprachlich nicht üblich ist. Ist von Scha-

den die Rede, verbindet man dies im Alltag ohnehin schon mit Dingen und nicht mit Menschen. Insofern liegt auch hier eine Dopplung vor.
Das Verb *sich belaufen* ist ebenfalls kein Ausdruck, der im Alltag verwendet wird. Er stammt aus der Schriftsprache der Behörden, kaum jemand würde im Gespräch diesen gestelzten Ausdruck verwenden.

Der Artikel entspricht nicht dem Funktionalstil der Presse, sondern enthält sehr viele Elemente des Amtsdeutschs. Daraus verwendet der Autor Fachausdrücke von Polizei und Juristen, die sich vermischen. Kennzeichnend dafür ist zum einen das Bemühen um Straffung mehrerer Wörter oder eines ganzen Satzes durch die Kopplung von Substantivierungen und Attributen. Besonders auffällig sind dabei Konstruktionen mit Partizipien.

Teilweise erreicht der Autor durch sie allerdings das Gegenteil: Er verlängert und verkompliziert den Artikel, ohne daß dies nötig wäre. Zum anderen sind fachsprachliche Synonyme wie *Fahrzeug, Kennzeichen, Unfallort* oder *Wohnanschrift* charakteristisch für den verwendeten Funktionalstil. An diesen Beispielen wird deutlich, wie sich die fachsprachliche Abstraktheit auf den journalistischen Text überträgt.

Der Text ist ein Beispiel für den nicht angemessenen Gebrauch von vielen Substantivierungen, Fügungen mit blassen Verben und fachsprachlichen Elementen. Es gibt kein einziges Beispiel dafür, daß dieser Sprachstil eine Verbesserung hinsichtlich von Inhalt und Verständlichkeit bewirkt hätte. Der Artikel erweckt den Eindruck, daß der Journalist zu großen Teilen den Polizeibericht übernommen hat.

Vorschlag

Auto demoliert Schaufenster und Metzgerei
Polizei sucht nach 29jährigem Fahrer

Ein zerbrochenes Schaufenster, zwei verbeulte Autos und ein Schaden von 23.000 Mark sind die Folgen eines Unfalls in Bad Camberg. Ein 29jähriger Autofahrer schleuderte gestern mit seinem Wagen auf der vereisten Bundestraße acht gegen ein geparktes Auto. Der Aufprall war so stark, daß dieses in ein Schaufenster einer Metzgerei geschleudert wurde. Dabei zersplitterte das Schaufenster des Ladens, einige Regale stürzten um. Der Fahrer flüchtete, doch die Polizei entdeckte eines seiner Nummernschilder vor dem Laden. So fanden die Beamten zwar seine Adresse heraus, trafen den Mann aber dort nicht an.

ÖKO-TEST Kinderwagen

Unangenehme Beifahrer

Kinderwagen sind mit Substanzen belastet, die der Gesundheit der kleinen Fahrgäste schaden können. Sogar Dioxin fand die Zeitschrift ÖKO-TEST in einem von 15 untersuchten Modellen. Die genauen Testergebnisse können in der April-Ausgabe nachgelesen werden.
Neben krebsverdächtigem Formaldehyd in Bezugsstoffen und Holzteilen und nervengiftigem Schwefelkohlenwasserstoff wies ÖKO-TEST gesundheitsschädliche Weichmacher in hohen Mengen nach. Besonders bedenklich ist, daß ein Kinderwagen mit dem Desinfektionsmittel Triclosan ausgerüstet wurde. Diese Substanz ist mit einem Stoff aus der Gruppe der äußerst problematischen Dioxine verunreinigt.
Dabei ist es überhaupt nicht nötig, solche Chemikalien zu verwenden. Das zeigen drei der untersuchten Wagen, die ÖKO-TEST lediglich wegen des Umweltschadstoffes PVC abgewertet hat.

Text 21

Einschätzung

Fachsprache: *Substanzen, Dioxin, krebsverdächtiges Formaldehyd, Bezugsstoffe, nervengiftiger Schwefelkohlenwasserstoff, gesundheitsschädliche Weichmacher, Desinfektionsmittel Triclosan, Umweltschadstoff PVC*

Die Pressemitteilung ist geprägt von vielen Fachwörtern. Gleichzeitig zeigt der Text, wie schwierig es für den Journalisten ist, ein Fachthema für Leser anschaulich zu machen. Er ist gezwungen, gewisse Fachwörter zu verwenden und muß einschätzen, ob diese als bekannt vorauszusetzen sind. Inhaltlich bleibt vor allem unklar, welche Gefahren nun konkret für Kinder bei der Benutzung eines Kinderwagens zu befürchten sind.

Dioxin ist ein Fachbegriff, der durch die öffentliche Diskussion als geläufig gilt. Der Journalist kann jedoch nicht voraussetzen, daß der Leser ein konkretes Wissen über dieses Gift und seine Gefahren hat. Wahrscheinlicher ist, daß der Leser mit *Dioxin* eine diffuse Gefahr verbindet. Besser wäre es gewesen zu erläutern, welche Krankheiten Dioxin beim Menschen auslösen kann. Statt dessen wird es lediglich als *problematisch* bezeichnet. Die Gefahr dieser Chemikalie wird wiederum mit dem Verweis auf *Dioxin* erläutert, womit die Aussage letztendlich nur eine diffuse Bedrohung signalisiert.

Eine Einordung hat der Autor dagegen bei den Begriffen *Formaldehyd* und *Schwefelkohlenwasserstoff* gegeben, indem er schreibt, daß sie *krebsverdächtig* und *nervengiftig* sind. Allerdings ist der Ausdruck *krebsverdächtig* bürokratisch, weil nicht der Stoff selbst Krebs haben kann.

Bezugsstoffe ist eine unnötige Dopplung. Bei den *gesundheitsschädlichen Weichmachern* bleibt für den Leser offen, was dem Kind passieren kann. Zudem wird das Fachwort *Weichmacher* nicht erklärt. Das Wort *Substanz*, das mehrfach vorkommt, ist ein abstraktes Fachwort.

Beim *Umweltschadstoff PVC* ist es ähnlich wie beim *Dioxin*, da die Abkürzung *PVC* als geläufig gilt. Aber es ist fraglich, ob es der Leser in diesem Zusammenhang versteht. Zudem ist *Umweltschadstoff* ein ungenauer Oberbegriff. Für den Leser bleibt offen, worin der Schaden oder die Gefahr für die Umwelt besteht.

Vorschlag

Ökotest entdeckt Gifte in vielen Kinderwagen

Die Hersteller von Kinderwagen benutzen für Bezüge und Gestänge teilweise giftige Chemikalien, die bei Kindern Krebs und Nervenschäden auslösen können. Dies berichtete das Frankfurter Magazin Ökotest. Die Experten fanden

- in einem von 15 getesteten Wagen Dioxin, das im Verdacht steht, das menschliche Wachstum zu beeinträchtigen,
- in Bezügen und Holz Formaldehyd, das Krebs auslösen kann,
- Schwefelkohlenwasserstoff, der nervengiftig ist,
- Weichmacher, der ebenfalls Krebs auslösen und möglicherweise die Fruchtbarkeit beim Menschen schädigen kann,
- das mit einer Dioxinart verunreinigte Desinfektionsmittel Triclosan.

Ökotest kritisierte vor allem, daß es keinen Grund gibt, beim Bau von Kinderwagen solche Gifte überhaupt zu verwenden. Drei der untersuchten Wagen schnitten bei der Studie besser ab, weil sie keine der Chemikalien enthielten. An ihnen bemängelten die Experten aber auch den verwendeten Kunststoff PVC, der sowohl bei der Herstellung als auch bei der gängigen Verbrennung die Natur belastet.

Checkliste

- Der Journalist muß prüfen, ob Substantivierungen angemessen sind, oder ob es konkretere und anschaulichere Wörter gibt, um sie zu ersetzen.
- Bei Fach- und Fremdwörtern darf das Vorwissen bei Lesern nicht zu hoch eingeschätzt werden.
- Vor der Verwendung von Fach- und Fremdwörtern sollten einige Kontrollfragen gestellt werden. Ist das Wort allgemeinverständlich? Ist der Ausdruck nötig? Wie kann das nötige Fach- oder Fremdwort erklärt werden?
- Als Erklärung für Fach- oder Fremdwörter kann der gesamte oder ein Teil des Textes dienen. Außerdem kann die deutsche Übersetzung in Klammern angegeben werden, oder es werden allgemeinverständliche Wörter für den Ausdruck gesucht.

6 Wertende Sprache

Wertungen können durch die verschiedenen Stilfiguren, fachsprachliche Ausdrücke oder durch Formulierungen, die keiner der Gruppen zuzuordnen sind, erzeugt werden. Das heißt, daß Wertungen durch die Art des Sprachgebrauchs entstehen.

In nachrichtlichen Texten sollen Wertungen aber gerade vermieden werden. Am häufigsten sind sie in journalistischen Texten in folgenden Formen zu finden:

- Der Schreiber verwendet ironische Formulierungen und bringt Über- und Untertreibungen in seine Texte ein.
- Er übernimmt von Interviewpartnern oder aus Pressemitteilungen wertende Elemente. Bei diesen handelt es sich häufig um beschönigende Ausdrücke, mit denen bewußt negative Aspekte verschleiert werden sollen.

Ironie

Lächerlich machen, spotten, seine Überlegenheit zeigen - das sind Assoziationen, die man mit ironischen Merkmalen verbindet. Ironie funktioniert nach dem Prinzip, daß genau das Gegenteil von dem gesagt wird, was eigentlich gemeint ist.

Beispiele aus der Alltagssprache sind: *Die Frau ist entzückend* für *Diese Frau ist ein unangenehmer Mensch* oder *Das war eine tolle Idee* für *Das war eine ganz schlechte Idee*. Die Schwierigkeit der Ironie liegt darin, daß der Leser zunächst erkennen muß, daß nicht die wörtliche Bedeutung gemeint ist. Während dies beim Sprechen durch den Tonfall ausgedrückt wird, kann es im geschriebenen Text nur dem Zusammenhang entnommen werden. Je größer die Diskrepanz zwischen der wörtlichen Formulierung und dem tatsächlich Gemeinten ist, desto schärfer ist die Ironie.

In journalistischen Texten ist die Ironie eine problematische Stilfigur: In den Genres Nachrichten und Bericht ist sie nicht zulässig, da Ironie immer eine

Form der Meinungsäußerung ist. In nachrichtlichen Genres halten sich die Journalisten damit tatsächlich zurück, lediglich in bunten Meldungen taucht dieses sprachliche Mittel auf. Hier ist die Ironie nicht scharf oder verletzend, sondern will einen amüsanten Effekt beim Lesen hervorrufen. Typisch dafür sind kuriose Polizeimeldungen oder auch alltägliche Berichte, die durch Ironie interessant gemacht werden sollen.

In meinungsbetonten Gattungen wie Kommentar, Glosse und Rezension ist sie ein sprachliches Mittel, um eine individuelle Wertung zum Ausdruck zu bringen. Ironie kann aber auch eine Verständnisbarriere sein, da der Schreiber beim Leser eine Rückübersetzungsleistung fordert: Der Rezipient muß nämlich das eigentlich Gemeinte aus der Ironie herauslesen können. Nach dem Verständlichkeitsmodell (vgl. Kapitel 2.2) ist diese Einschätzung des Vorwissens durch den Schreiber eine nicht zu kalkulierende Größe. Deshalb muß der Journalist die Ironie angemessen einsetzen:

> „Wo Ironie zum bevorzugten Ausdrucksmittel wird, kann sie beim Rezipienten ein Gefühl der Unbehaglichkeit erzeugen. Ihre Distanz schaffende Wirkung erweckt dann nämlich den Eindruck, daß der Sprecher sich hinter seinen Formulierungen verbergen möchte und in eine echte Kommunikation nicht eintreten wolle." (Oomen 1983:36)

Untertreibung

Nicht selten für *sehr oft, nicht unbekannt* für *sehr bekannt, großer Teich* für *Ozean* sind Beispiele für Untertreibungen. Das Prinzip lautet: Der Sprecher verneint das Gegenteil und drückt auf diese Weise eine umso stärkere Bejahung aus (Litotes). Allerdings funktionieren Untertreibungen auch ohne die Verneinung, wie die *Kiste* für das *Auto* (Seiffert 1977:85). Der Grund für den Einsatz von Untertreibungen liegt darin, das Interesse des Lesers besonders zu wecken, indem man ausdrücklich darauf hinweist, was nicht geschieht. Zwar werden Untertreibungen häufig als Leseanreiz eingesetzt, doch erschweren sie oftmals auch die Verständlichkeit (Karl-Marx-Universität Leipzig 1976a:120). Sie sollten deshalb nur dann angewendet werden, wenn sie tatsächlich eine Funktion im Text erfüllen.

Übertreibung

In der Umgangssprache werden Übertreibungen sehr häufig benutzt. *Unzählige Male* steht für *oft*, das *Schneckentempo* für *langsam*, *blitzschnell* für *schnell*. Für diese Art des Sprechens wird häufig auf Bilder zurückgegeriffen, wie bei *blitzschnell* und *Schneckentempo* deutlich wird. Das Bild gibt dabei die Merkmale eines Sachverhaltes überspitzt wieder.

Wegen ihrer starken Wertung sollten Übertreibungen in nachrichtlichen Texten vermieden werden, sind aber trotzdem immer wieder zu finden. Der stark übertreibende und wertende Charakter wird hier häufig nicht mehr reflektiert, so daß es zu Ungenauigkeiten in der Aussage kommen kann. Zum Beispiel ist die Aussage *unzählige Male* verallgemeinernd und ungenau statt konkret. Der Journalist gibt auf diese Weise seine eigene Einschätzung über ein Mengen- oder Größenverhältnis wieder. Während die Übertreibung in nachrichtlichen Texten unangemessen ist, erfüllt sie in Glossen und Kommentaren eine journalistische Funktion.

Verschleierungen

Während Ironie, Unter- und Übertreibungen sprachlich Eigenschaften besonders hervorheben, sollen sie mit den Verschleierungen bewußt in den Hintergrund treten. Beispiele dafür sind die *Gebührenanpassung* für *höhere Gebühren* oder die *Filialnetzoptimierung* für die *Schließung von Geschäften* oder die *Arbeitnehmerfreisetzung* für die *Stellenstreichung*.

Der Sprecher versucht durch seine Wortwahl, eine bestimmte Sehweise zu erreichen. Negative und beängstigende Aspekte des Themas werden aus dem Wort ausgeblendet: Der Sprecher benennt das Ereignis nicht konkret. Dafür eignen sich besonders Fachwörter, weil sie in der Umgangssprache häufig vieldeutig sind und nicht mehr in ihrer streng definierten Form verwendet werden (vgl. Kapitel 5.2).

Verschleierungen sind häufig in der Sprache der Politik zu beobachten. Deshalb muß der Journalist dieser Sprache besonders kritisch gegenüberstehen (Haß 1991:330ff.). Politiker haben ein großes Interesse, Sprache bewußt einzusetzen, weil sie damit die Wähler überzeugen wollen. Die Begriffe, die sie prägen, werden zum großen Teil über die Medien in den Alltag transportiert. Die Vertreter verschiedener Parteien streiten sowohl über die Bedeutung eines Ausdruckes als auch über seine Angemessenheit und die darin enthaltenen Unterstellungen und Konnotationen. Vage Fachwörter lassen durch ihre Vieldeutigkeit großen Raum für mitschwingende Bedeutungen. Jede Interessengruppe kann somit die Aussage für ihre Ziele interpretieren (Polenz 1985:326). Die Politiker schaffen oft selbst Wörter, die Sachverhalte verschleiern. Beispiele dafür sind *Entsorgungspark, Reform der sozialen Sicherungssysteme, Sozialhygiene* und *Verschlankung der Produktion*. Wenn beispielsweise von *fehlenden Einnahmen* die Rede ist, werden sie als *negative Zuwachsraten* oder *Abwachsraten* verschleiert. Wenn Arbeitnehmern *gekündigt wird*, heißt dies, daß sie dem *Arbeitsmarkt zugeführt* werden. Statt zu sagen, daß Gifte in Boden, Wasser oder Luft geraten, wird das Wort *Schadstoffemission* verwendet.

Am Beispiel der Mülldiskussion weist Blühdorn nach, mit welchen Begrifflichkeiten bewußt zielgerichtet über dieses Thema diskutiert wird. Seiner Ansicht nach entscheidet die Interessenlage darüber, ob der Sprecher das Wort *Abfall* oder *Müll* benutzt:

> „Während bei *Abfall* offenbar der Gesichtspunkt der Entstehung (...) im Rahmen von Produktionsprozessen im Vordergrund steht, thematisiert *Müll* stärker den Gesichtspunkt der Beseitigungsbedürftigkeit." (Blühdorn 1991:343)

Müll wird auch in der Alltagssprache verwendet, man verbindet damit *Gestank, Reste* und *Dreck*. Weil das Wort konkret ist, lassen sich die negativen Aspekte nicht ausblenden. Es eignet sich deshalb nicht zum verschleiernden Gebrauch. Mit *Abfall* lassen sich sowohl positive als auch negative Assoziationen verbinden. Vor allem der Aspekt der Beseitigung des Mülls tritt bei diesem Wort in den Hintergrund. Je nach Interesse wird das passende Wort gewählt.

Treffen Journalisten auf verschleiernden Sprachgebrauch, sollten sie versuchen, ihn entweder deutlich mit An- und Abführung zu kennzeichnen oder ihn selbst durch eindeutige Wörter zu ersetzen. An Beispielen wie *Restrisiko, Grenzwert* oder *Spaltprodukt* wird deutlich, daß die beschönigende Absicht sich bereits in der Umgangssprache durchgesetzt hat. In vielen Fällen werden solche Wörter kritiklos übernommen, da der Journalist ihre verschleiernden Eigenschaften selbst nicht wahrnimmt. Damit haben Politiker ihr Ziel erreicht. Jedoch muß man den Journalisten zugute halten, daß es sich oft um fachsprachliche Beschönigungen handelt: Sie sind zum einen wegen ihrer Vieldeutigkeit schwierig zu erkennen und zu übersetzen, zum anderen sind nur wenige Journalisten gleichzeitig auch Fachleute, so daß sie diese Sprache entlarven können. Haß charakterisiert das Verhalten der Journalisten für Umweltthemen:

> „Gerade bei den schwierigen Sachthemen der Umweltdiskussion greifen Journalisten auf die Vorformulierungen der PR-Abteilungen zurück und zitieren aus Hilflosigkeit so getreu wie möglich, was Experten und Politiker auf Pressekonferenzen gesagt haben." (Haß 1991:336)

Den größten Einfluß hat der Journalist, wenn diese Wörter gerade in die politische Diskussion gelangen und als neue Wörter wahrgenommen werden. Dann können die Formulierungen noch bewußt reflektiert werden, bevor sie Eingang in Texte finden. Außer dem Sprachbewußtsein des einzelnen Journalisten sind Redaktionsabsprachen nötig, die den Gebrauch solcher Wörter regeln und gleichzeitig Alternativen anbieten.

Beispiele: Wertende Sprache

Zollfahnder schnappten Zigarettenschmuggler auf frischer Tat

Weilburg/Wetzlar
Eine schöne Bescherung erlebten kurz vor Weihnachten fünf Zigarettenschmuggler aus dem Raum Wetzlar/Weilburg. Denn statt des Glanzes eines Lichterbaumes erleben drei von ihnen die nüchterne Beleuchtung einer Gefängniszelle. Festgenommen wurde das Quintett von Beamten des Zollfahndungsamtes Frankfurt. Sie hatten beobachtet, daß die fünf die zuvor in einem Lkw eingeschmuggelten rund 180.000 Zigaretten auf Pkws umladen wollten. In dem Lkw war ein speziell für Schmuggeltransporte präpariertes Versteck. Drei der Täter wurden dem Haftrichter in Weilburg vorgeführt, der gegen alle Haftbefehl erließ. Neben der Strafe, die die Schmuggler erwartet, müssen sie auch den Steuerschaden von rund 50 000 Mark tragen. Ein Hehler, der 10 Stangen unversteuerte Zigaretten erworben hat, muß mit einer Steuernachforderung von etwa 500 Mark rechnen.

Text 22

Einschätzung

Ironie: *Eine schöne Bescherung erlebten kurz vor Weihnachten fünf Zigarettenschmuggler aus dem Raum Wetzlar/Weilburg.*

Die Ironie besteht darin, daß die Zigarettenschmuggler am Heiligabend festgenommen wurden und dies sozusagen ihre Weihnachtsbescherung war. Das negative Ereignis für die Täter wird hier als Überraschung dargestellt. Besonders amüsant soll dabei die Tatsache sein, daß die Festnahme wirklich zu Weihnachten stattfand. Die Ironie wird im folgenden Satz wieder aufgegriffen, wenn der Journalist beschreibt, daß die Täter in einer tristen Zelle mit *nüchterner* Beleuchtung feiern, statt unter dem beleuchteten Weihnachtsbaum zu sitzen.

In diesem Fall kann man nicht von distanzschaffender Ironie sprechen, da der Ausdruck *schöne Bescherung* als ironische Wendung so geläufig ist, daß er nicht mehr rückübersetzt werden muß. In diesem Zusammenhang ist die Ironie vertretbar, da der inhaltliche Zusammenhang Bescherung und Weihnachten bei dieser Meldung gegeben ist. Deshalb ist an dieser Stelle kein Textvorschlag notwendig.

Bund Hüttenberg-Schiffenberg
Das Wertungssingen war eine Demonstration für Chorwesen

Langgöns Eine Demonstration für das Chorwesen wurde das Wertungssingen des Sängerbundes Hüttenberg-Schiffenberg am Samstag und Sonntag im Bürgerhaus Cleeberg. Ausrichter war der Männergesangverein Cleeberg, der in diesem Jahr auf sein 75jähriges Bestehen zurückblicken kann. Nicht weniger als 39 Chöre aus dem Raum Gießen, Wetzlar, Butzbach mit weit über 1800 Sängerinnen und Sängern stellten sich der Kritik des Domkapellmeisters Eberhard Metternich aus Köln.

Zum Vortrag kamen Werke alter und neuer Meister. Bundesvorsitzender Karl-Heinz Klee dankte für die gute Organisation dem ausrichtenden Männergesangverein »Liederkranz« Cleeberg, dessen Vorsitzender Karl-Heinz Schindel durch das Programm führte.

Text 23

Einschätzung

Untertreibung: *Nicht weniger als 39 Chöre aus dem Raum Gießen, Wetzlar, Butzbach mit weit über 1800 Sängerinnen und Sängern stellten sich der Kritik des Domkapellmeisters Eberhard Metternich aus Köln.*

Mit der Untertreibung *nicht weniger als 39 Chöre* drückt der Journalist aus, daß er selbst der Ansicht ist, daß es sich um eine *erstaunlich große Anzahl* handelt. Der Schreiber nennt aber für seine Behauptung, es seien besonders viele Chöre, keine Vergleichszahlen, sondern nur seine persönliche Einschätzung. Daß dies keine Unterstellung ist, läßt sich durch weitere Textstellen belegen.

Das Wertungssingen ist für ihn eine *Demonstration für das Chorwesen*. Das sagt er gleich zweimal, zuerst in der Überschrift und dann im Text. Mit der Untertreibung nutzt der Journalist die Gelegenheit, mit wenig Worten eine

Wertung in den sehr kurzen Text einzubauen. Dies ist typisch für kurze Ver-
anstaltungsberichte, die eigentlich nicht als Rezension gedacht sind. Der
Autor gibt hier trotzdem eine eigene Wertung, weil er die Qualität der Chöre
für den Leser einordnen möchte.

Vorschlag

39 Chöre aus dem Raum Gießen, Wetzlar, Butzbach mit weit über 1800
Sängerinnen und Sängern stellten sich der Kritik des Domkapellmeisters
Eberhard Metternich aus Köln.

Spalier für treue Reiter – Als das frischver-
mählte Ehepaar Berit Czermak und Alexander
Raabe das Biebertaler Standesamt in Rodheim
verließ, staunte es nicht schlecht: Knapp 30 Rei-
terinnen und Reiter des Reit- und Fahrvereins
Rodheim-Bieber standen mit ihren Pferden für
ihre langjährigen aktiven Mitglieder Berit und
Alexander Spalier. Alexander Raabe, von Beruf
Bauingenieur, und seine Gattin Berit, die
Straßenbautechnikerin ist, konnten dann die
zweispännige Kutsche besteigen. Kutscher
Burkhard Schmidt fuhr das junge Paar in das
Eheglück. Die rund 30 Reiter und Reiterinnen
eskortierten die Kutsche des Paares durch die
Gießener Straße bis zur Reithalle.

Text 24

Einschätzung

Untertreibung: *Als das frischvermählte Ehepaar Berit Czermak und Alexander Raabe das Biebertaler Standesamt in Rodheim verließ, staunte es nicht schlecht: Knapp 30 Reiterinnen und Reiter des Reit- und Fahrvereins Rodheim-Bieber standen mit ihren Pferden für ihre langjährigen aktiven Mitglieder Berit und Alexander Spalier.*

Staunte nicht schlecht steht hier für *starkes Staunen* und *eine große Überraschung.* Daß 30 Pferde vor einem Standesamt auf das Brautpaar gewartet haben, hat den Journalisten offenbar so beeindruckt, daß er es mit dieser Untertreibung zum Ausdruck bringen wollte. Auch hier nimmt er eine Einordnung und Wertung des Geschehens vor - wenn auch eine sehr harmlose. Es wäre zum Beispiel origineller gewesen, die spontanen Reaktionen des Ehepaares zu beschreiben, als eine allgemeine Untertreibung zu verwenden, die den Charakter einer Floskel hat.

Vorschlag

„Ich glaub's nicht", staunte Berit. Vor dem Biebertaler Standesamt standen gestern 30 Pferde und ihre Reiter, um das Brautpaar Berit Czermak und Alexander Raab zu begrüßen. Die Freunde und ihre Pferde des Reit- und Fahrvereins Rodheim-Bieber standen für die beiden Spalier (Anmerkung 4).

In Zusammenarbeit mit unserer Zeitung

Weihnachtsdisco mit Cohrs und Lack

Bad Endbach Disco-Freaks aufgepaßt. Am Samstag, 21. Dezember, steht ein besonderes Weihnachts-Spektakel ins Haus. Lars Cohrs und Peter Lack gestalten eine Mega-Disco-Party im Bad Endbacher Kur-, Sport- und Freizeitzentrum.

Einlaß zur Disco-Party ist ab 20 Uhr. Das Programm ist bekanntermaßen super und Lars und Cohrs garantieren für fetzige Stimmung. Daneben winken bei diversen Quiz-Aktionen Superpreise, unter anderem Geldgewinne und drei hochwertige Satanlagen, die unserer Zeitung zur Verfügung stellt.

Gemeinsam mit der Getränke-Oase Roth laden wir wieder zu der Discoparty ein. Natürlich heißt es bereits am Nachmittag wieder „Hits für Kids", verbunden mit der Mini-Playback-Schau. Auch auf die Kleinen warten wieder Preise. Für sie öffnen sich die Tore im KSF bereits wieder um 15 Uhr.

Für die abendliche Disco-Party beginnt übrigens am Samnstag der Vorverkauf. Karten gibt es in den beiden Zeitungs-Geschäftsstellen in Gladenbach und Biedenkopf, bei den getränke-Oasen Roth in Wallau und Banfe, bei Cedes Bad Laasphe und unter der Karten-Hotline: (0 64 61) 8 90 04.

Text 25

Einschätzung

Übertreibung: *Mega-Disco-Party, bekanntermaßen super, Superpreise*

In allen drei Fällen handelt es sich um Übertreibungen, die eine starke Wertung ausdrücken. Durch diese werbende und anpreisende Sprache wie *besonderes Spektakel, garantieren fetzige Stimmung, hochwertig, laden ein, natürlich heißt es*, wirkt der Artikel wie ein Werbetext, obwohl er im redaktionellen Teil auf der Jugendseite erschienen ist. Der Grund dafür ist, daß der Autor tatsächlich werben will: Die Veranstaltung wird von der Zeitung mitorganisiert und der Artikel soll möglichst viele junge Leser anregen, zur Disco zu kommen. Die floskelhafte Sprache wirkt jedoch anbiedernd und eher abstoßend als einladend. Das liegt daran, daß dem Leser die Wertung vorgegeben wird. Natürlich handelt es sich bei dieser Form der Berichterstattung um eine schwierige Aufgabe, da der Journalist sein Unternehmen nach außen vertreten muß. Andererseits hätte er dies auch dezenter machen können, indem er die Superlative vermieden und dafür zum Beispiel die tatsächlichen Preise genannt hätte.

Es wäre besser gewesen, Fakten und Programmpunkte aufzuzählen, um die Leser neugierig auf die Veranstaltung zu machen. Auch hätte der Journalist das Musikprogramm oder die Quiz-Aktionen der Disco erläutern können. Da die eigentlichen Fakten in dem Artikel nicht genannt werden, muß auf einen Textvorschlag verzichtet werden.

Hermann Hofmann bei der Grundsteinlegung für das Trockenstabilatwerk in Aßlar

Mit der neuen Anlage wollen wir weg von der Vergangenheit, Abfall nur zu beseitigen

Aßlar Sie begann gestern mit einem um Aufmerksamkeit heischenden Trompenstoß, die Feier zur Grundsteinlegung für die erste großtechnische Anlage zur Trockenstabilisierung von Restabfall nach dem Herhof-Verfahren. Sie entsteht auf dem 1,7 Hektar großen Gelände unterhalb der Deponie Aßlar. Mit dabei im beheizten Zelt viel Prominenz aus Politik und Wirtschaft, allen voran Staatssekretärin Cornelia Yzer (Bundesforschungsministerium), Ministerialrat Edgar Freund (Hessisches Umweltministerium), Landrat Dr. Karl Ihmels und natürlich Hausherr Hermann Hofmann.

„Wir legen heute den Grundstein für eine neue Abfallwirtschaft – für eine neue Ära. Mit dieser Anlage wollen wir weg von der Vergangenheit, Abfall zu beseitigen. Wir müssen begreifen, daß in unserem Abfall Wertstoffe sind – diese müssen wir nutzen. In der Vergangenheit wurden unsere Abfälle auf Deponien vergraben, das heißt Wertstoffe wurden vergraben," eröffnete Hofmann den Reigen der Redner.

Staatssekretärin Yzer begrüßte die Errichtung dieser Anlage, wies aber gleichzeitig darauf hin, daß gemäß den umweltpolitischen Zielen der Bundesregierung dies nur ein Teilschritt in einem Gesamtkonzept zur Restmüllbehandlung sein kann. Ein zweiter, die thermische Restabfallbehandlung, sprich: Verbrennung, müsse folgen. Ganz schlug Yzer die Tür für eine Förderung des Aßlarer Pilotprojekts zwar nicht zu, aber

Auch eine Kamera war dabei, als Staatssekretärin Cornelia Yzer, Edgar Freund (rechts), Landrat Dr. Karl Ihmels (links) und Hermann Hofmann ihr Werk betrachteten.   *(Foto: Heiland)*

sie machte klar, daß ein neues Förderprogramm ihres Hauses stärker auf den vorsorgenden Umweltschutz ziele denn auf die nachträgliche Abfallbehandlung. Letztere werde gefördert, wenn das Verfahren Geld sparen helfe. Dennoch wolle die Ministerium die Anlage „vorbehaltlos prüfen".

Freund stellte fest, daß die Biologisch-Mechanische Abfallbehandlung (MBA) ein wichtiger Schritt auf dem Weg von der ökologisch fragwürdigen Mülldeponierung hin zur energetischen Nutzung der Restabfälle sei. Zumal die Trockenstabilat lagerfähig und damit bedarfsgerecht einsetzbar sei. Er würdigte die Vorreiterrolle des Lahn-Dill-Kreises und den unternehmerischen Mut Hofmanns und

schloß: „Wir brauchen die MBA, damit wir in der Abfallwirtschaft weiterkommen."

Dr. Ihmels schließlich sah die Diskussion in der Abfallwirtschaft zwischen den „Kompostlern und dem Pyromanen" festgefahren. Indes: Beide Verfahren verursachen Kohlendioxid und gefährdeten das Klima. Auch in der MBA falle CO 2 an, aber hier komme ein Nutzen hinzu: Durch die Verbrennung des Trockenstabilats könne man auf Öl, Kohle, Gas verzichten. Und dies bringe, konsequent umgesetzt, eine starke Entlastung des Weltklimas von Kohlendioxid.

Zwei Hauptprobleme sah der Landrat: die gesetzliche Hierarchie (und Bürokratie) zur Müllvermeidung und die

Verankerung in der traditionellen Verbrennung. Das behördlich strukturierte Abfallrecht sei an seine Grenzen gelangt, meinte Ihmels, nun müßten neue Konzepte her.

Den Worten folgten Taten. Neben Zeitungen vom Tage und den Redemanuskripten (8,68 Mark) in den Kupferbehälter und dieser wiederum versiegelt in den Grundstein.

Den Schlußstein mit den Emblemen von Herhof und Lahn-Dill-Kreis wuchteten dann (unter großer Anstrengung und bei reger Anteilnahme der Zuschauer) Dr. Ihmels, Hofmann und Freund an seinen Platz. Nach getaner Arbeit ließ es sich dann gut feiern.

Text 26

Einschätzung

Verschleierungen: *Neue Abfallwirtschaft, Abfall zu beseitigen, in unserem Abfall sind Wertstoffe, Restmüllbehandlung, thermische Restabfallbehandlung, nachträgliche Abfallbehandlung, Biologisch-Mechanische Abfallbehandlung (MBA), ökologisch fragwürdige Mülldeponierung, energetische Nutzung der Restabfälle, Müllvermeidung, behördlich strukturiertes Abfallrecht*

Der Bericht über die Grundsteinlegung für das Trockenstabilatwerk ist ein typisches Beispiel dafür, daß zu solchen Anlässen vor allem die Prominenz direkt oder indirekt zitiert wird. Für diese Gruppe bieten solche Ereignisse eine gute Gelegenheit, ihre Interessen über die Medien zu transportieren. So haben Politiker und Vertreter von Unternehmen die Möglichkeit, ihre Sprache in die Öffentlichkeit zu tragen. In diesem Fall sind besonders viele Wörter verwendet worden, die mit *Abfall* gebildet sind. In Wörtern wie *Abfallwirtschaft* und *thermische Restabfallbehandlung* sind die negativen Aspekte des Themas Müll verdeckt; *Abfall* erscheint ausschließlich als *wirtschaftliches Gut*. Er stinkt nicht mehr und ist nicht mehr schmutzig. Darüber hinaus wird der Eindruck erweckt, *Müll* sei eine Selbstverständlichkeit, ohne auf seine Entstehung und seinen Umfang hinzuweisen.

In dem Satz *wir müssen begreifen, daß in unserem Abfall Wertstoffe sind*, wird das Problem des Mülls einseitig betrachtet. Es wird suggeriert, daß die Bürger nicht verstehen, wie *wertvoll* ihr Müll eigentlich ist. Das Interesse, das die Politiker in diesem Text mit Hilfe des Journalisten sprachlich transportieren, macht sich auch an der Gegenüberstellung der *ökologisch fragwürdigen Mülldeponierung* und *der energetischen Nutzung der Restabfälle* bemerkbar.

In ihren Zitaten drücken die Politiker mit ihrer bewußten Wortwahl ihren Standpunkt aus: Sie benennen *Müll* tatsächlich auch als *Müll*, wenn sie ihn für *ökologisch fragwürdig* halten. Geht es aber um die Verbrennung, bezeichnen sie *Müll* als *energetische Restabfälle*. Bei der Formulierung *energetische Nutzung der Restabfälle* ist schlicht die *Müllverbrennng* gemeint. Dies hat einen eindeutig verschleiernden Charakter, denn die Bürger haben in der Regel Angst vor den Risiken und dem Gestank von Müllverbrennungsanlagen. Um eventuellen Widerstand und Ängste der Menschen erst gar nicht aufkommen zu lassen, wird die Formulierung *energetische Nutzung der Restabfälle* gewählt. Sie suggeriert positive Eigenschaften der *Müllverbrennung* und blendet die negativen völlig aus.

Der Journalist übernimmt mit diesem Artikel die Sichtweise der Politiker und Betreiber. Ob er ihnen aus Überzeugung Raum zu manipulativen Äußerungen gegeben hat, ist schwer zu beurteilen. Jedoch hat er ihnen viele Zeilen für wörtliche und indirekte Zitate gewährt. Deutlich wird auch, daß der Journalist, wenn er Politiker zu Wort kommen läßt, keine Möglichkeit hat, diese Beschönigungen zu vermeiden. Es sei denn, er hätte ihnen direkt im Anschluß die Meinungen einer Bürgerinitiative oder eines kritischen, unabhängigen Experten gegenübergestellt. Dieser hätte die Möglichkeit nutzen können, die abstrakten fachsprachlichen Wörter durch konkrete und verständliche Formulierungen zu erklären und so als mögliche Verschleierungen zu entlarven.

Für einen Textvorschlag wäre eine eigene und ausführliche Recherche nicht nur bei den Betroffenen vor Ort, sondern auch bei Experten nötig gewesen.

Checkliste

- Ironie, Über- und Untertreibungen gehören nicht in nachrichtliche Texte, weil sie wertend sind.

- Sie können das Verständnis erschweren, weil sie nicht wörtlich zu verstehen sind.

- Wenn Ironie überhaupt eingesetzt wird, muß sie der Funktion der Textart entsprechen.

- Verschleiernde Ausdrücke werden oft von Interviewpartnern oder in Pressemitteilungen bewußt verwendet, um negative oder beängstigende Aspekte auszublenden.

- Sie sind nicht konkret, sondern vieldeutig. Deshalb sollten sie nicht kritiklos übernommen werden.

- Der Journalist kann die Ausdrücke als Zitat kennzeichnen, erklären oder zumindest Gegenstimmen zu Wort kommen lassen

- Redaktionen sollten Regeln für den Umgang mit typischen Verschleierungen erarbeiten.

7 Ausblick

Die Sprache als Arbeitsmittel des Journalismus scheint vielen Schreibern so selbstverständlich zu sein, daß sie nicht mehr zu Diskussionen darüber bereit sind. Vielleicht erscheinen Anleitungen auch als Eingriff in ihre Kreativität, so daß viele Journalisten die *Rotstiftpolitik* und den *Kurvenbereich* vehement verteidigen. Weil bislang nachvollziehbare Kriterien jenseits der geschmacksorientierten Bewertung fehlten, bot die Sprache viel Anlaß zu kontroversen Diskussionen. Dieses Handbuch bietet die Grundlage für Journalisten, ihre Gebrauchstexte überprüfen und bewerten zu können. Anleitungen für guten Stil sind möglich und durchaus umsetzbar.

Redaktionen haben den Bedarf und zunehmend auch den Wunsch nach nachvollziehbaren Kriterien für einen guten Sprachgebrauch. Dies zeigt sich unter anderem daran, daß sie selbst immer häufiger versuchen, Regelwerke aufzustellen. Darin finden sich Wörter, die nicht verwendet werden sollten. Allerdings erscheint uns die Sammlung solcher *verbotenen Wörter* allein nicht ausreichend zu sein, da sie immer lückenhaft bleiben muß. Statt dessen sollte der Journalist selbst erkennen können, warum welche Wörter nicht angemessen sind. Zur Entwicklung des guten Stils ist es deshalb wichtig, die kritischen Stilfiguren zu erkennen und auf der Grundlage der Verständlichkeit bewerten zu können. Genauso wie in den Redaktionen ist auch in der wissenschaftlichen Journalistenausbildung die Erarbeitung nachvollziehbarer Kriterien nötig, denn selbst dort herrschten bislang geschmacksgeleitete Empfehlungen vor.

Wer seine Sprache und vor allem immer wiederkehrende Elemente wie Metaphern, Bürokratendeutsch und Redewendungen nach den Kriterien der Verständlichkeit und Angemessenheit prüft, ist dem guten Stil schon sehr viel nähergekommen. Das Handbuch zeigt, daß Journalisten ihre Texte nicht an Literatur messen müssen, aber auch nicht auf subjektive Beurteilungen angewiesen sind. Damit haben nicht nur ausgebildete Journalisten die Möglichkeit, ihre Sprache immer wieder auf den Gebrauchswert für den Leser zu

überprüfen, sondern auch Anfänger können sich systematisch guten Stil erarbeiten. Natürlich bedeuten die Anleitungen dieses Buches für nachrichtliche Texte, daß die Kriterien auf andere Genres wie Reportagen, Glossen, Kommentare oder etwa die spezielle Sprache der Sportberichter-
stattung nur bedingt übertragbar sind. Hier sind in der Zukunft weiterfüh-
rende Arbeiten nötig.

Schließlich wäre es hilfreich, die auf der Wortebene geleistete Arbeit auf
Satz- und Textebene fortzusetzen. Genauso wünschenswert wäre eine eigene
Untersuchung der einzelnen Textbausteine wie Überschriften, Dachzeilen,
Unterzeilen und Vorspännen. Zur Weiterentwicklung für Stilanleitungen im
Journalismus ist eine intensivere Zusammenarbeit zwischen den Wissen-
schaften der Journalistik und Germanistik nötig. Für die Qualität journali-
stischer Texte ist es schließlich sinnvoll, Kriterien für die Textqualität künf-
tig enger mit der Verständlichkeitsforschung zu verknüpfen (Anmerkung 5).

8 Wörterbuch

Das Wörterbuch bietet den schnellen Zugriff auf Wörter und Formulierungen, die im redaktionellen Alltag häufig verwendet, aus stilistischen Gründen aber vermieden werden sollten. Die Beispiele stammen aus den Sprachbausteinen, die in den einzelnen Kapiteln besprochen wurden.

Die Wörter sind alphabetisch geordnet, die Formulierungen sind nach dem kritischen Bestandteil der Wendung eingereiht. Ein Beispiel: *den Rotstift ansetzen* steht unter **R**. Für alle Wörter und Formulierungen werden Alternativen vorgeschlagen oder die Empfehlung gegeben, sie zu vermeiden. Die Beispiele erheben natürlich keinen Anspruch auf Vollständigkeit. Sie sollen vielmehr für eine verständliche Sprache im Journalismus sensibilisieren.

A

Abfall, *besser* Müll

Abwachsraten, *vermeiden*, Verluste, Einbußen

Alleingang, *besser* allein, selbst

Angriff auf Lachmuskeln, *vermeiden*

in Angriff nehmen, *besser* anfangen, beginnen, etwas vorhaben, etwas sicher wollen

zur Anzeige bringen, *besser* anzeigen

Arbeitszeitverdichtung, *vermeiden, benennen, ob Arbeitszeit sich verlängert oder verkürzt*

Zur Aufführung bringen, *besser* aufführen

Augenschmaus, *vermeiden*

ausbremsen, *vermeiden,* jemanden an etwas hindern, jemandem überlegen sein, jemandem zuvorkommen

B

auf die schiefe Bahn geraten, *vermeiden, Schwierigkeiten beschreiben, z.B. Drogen, Diebstahl, Auswirkungen auf das Leben schildern*

Basis, *besser* Grundlage, als zusammengesetzten Ausdruck vermeiden

Bedarf an..., *besser benennen, was gebraucht wird*

beinhalten, *besser* enthält, umfaßt, schließt ein

im Bereich..., Bereich, *weglassen*

unter Beschuß nehmen, *vermeiden,* kritisieren, angreifen

in Betracht ziehen, *besser* überlegen, abwägen, erwägen

Blauröcke, *vermeiden,* Feuerwehrleute, Feuerwehrmänner

den Blick schärfen, *besser* sehr genau hinsehen/hingucken, aufmerksam sein/werden

musikalischer Blumenstrauß, *vermeiden*

Boden unter den Füßen verlieren, *vermeiden, Zukunft ist ungewiß, beschreiben, was passiert ist*

Brücke schlagen, *vermeiden,* sich einigen, im Zusammenhang erläutern

Brummi-Lenker, *vermeiden,* Lastwagenfahrer, Fahrer

C

City, *besser* Innenstadt, Stadtmitte, Marktplatz

D

Defizit, *besser* Mangel an..., Verlust benennen

Drahtesel, *vermeiden,* Fahrrad

durchstarten, *vermeiden,* mit großem Einsatz beginnen, anfangen, Erfolg haben, *auf den jeweiligen Zusammenhang beziehen*

E

alle Ehre machen, *vermeiden, erläutern, was jemand gut macht*

Eigeninitiative, *vermeiden,* beginnen, anfangen, *im Zusammenhang beschreiben*

Eigentor schießen, *vermeiden,* sich selbst schaden, etwas verlieren, *im Zusammenhang benennen*

E

heißes Eisen, *vermeiden, Streit/schwieriges Thema/Geschehen beschreiben*

Entsorgungspark, *vermeiden,* Müllhalde, Mülldeponie, eventuell Atommülldeponie

auf der Erfolgswelle schwimmen, *vermeiden,* Erfolg von jemandem beschreiben

in Erscheinung treten, *besser* erscheinen, sich zeigen

in Erwägung ziehen, *besser* überlegen, abwägen, erwägen

F

roter Faden, *vermeiden,* im Zusammenhang erläutern

Fahrbahn, *besser* Straße

Fahrzeug, *besser* Auto, Wagen

Federn lassen, *vermeiden,* Verluste machen, Problem haben, angegriffen werden, im Zusammenhang erläutern

Fehlbedarf, *vermeiden,* entweder fehlt etwas, oder es besteht Bedarf

fehlende Einnahmen, *vermeiden,* Verluste, Einbußen

feuern, *vermeiden,* entlassen

musikalisches Feuerwerk abbrennen, *vermeiden*

fliegende Händler, *vermeiden,* Händler, Vertreter, Verkäufer

auf eine einfache Formel bringen, *vermeiden,* einfach, kurz, das heißt

Früchte tragen, *vermeiden, das Ergebnis oder den Erfolg beschreiben*

in aller Frühe, *besser Zeitpunkt angeben*

G

Galgenfrist, *vermeiden*

härtere Gangart einschlagen, *vermeiden,* strenger werden *oder härteres Vorgehen beschreiben*

Geister scheiden sich, *vermeiden, beschreiben,wer gegensätzlicher Meinung ist und warum*

Gebührenanpassung, *vermeiden,* angeben, ob Gebühren steigen oder sinken

gewährleisten, *besser* versprechen, zusichern, zusagen

Gestalt annehmen, *besser benennen, was entsteht*

G

Grabenkämpfe, *vermeiden*, Streit, Auseinandersetzung, je nach Zusammenhang erläutern

Gratwanderung, *vermeiden*, Risiko eingehen, *im Zusammenhang beschreiben, worin die Gefahr besteht*

großer Teich, *vermeiden*, Meer, Ozean

grünes Licht geben für, *vermeiden*, zustimmen, bewilligen, etwas erlauben, sich auf etwas einigen

H

in den Hafen einfahren, *vermeiden*, ankommen, etwas erreichen

einen Hafen ansteuern, *vermeiden*, *angeben, welches Ziel erreicht wird* .

Hände in den Schoß legen, *vermeiden*, nichts tun, faul oder gleichgültig sein

das Handwerk legen, *vermeiden*, jemanden an etwas hindern, Tat aufdecken oder Täter festnehmen

hier und heute, *vermeiden*

strahlend blauer Himmel, *vermeiden*

auf Hochtouren laufen, *vermeiden*, *benennen, wie und warum etwas vorangeht*

zum Höhenflug ansetzen, *vermeiden*, erfolgreich sein *oder erfolgreiches Vorgehen beschreiben*

auf dem Holzweg sein, *vermeiden*, Fehler machen, einen Irrtum begehen, sich irren, *Mißverständnis beschreiben*

eine Hürde nehmen, *vermeiden*, etwas schaffen, jemandem gelingt etwas, gewinnen, etwas leisten

I

Initiative ergreifen, *besser* beginnen, anfangen, Pläne, Aufgaben umsetzen *oder im Zusammenhang erläutern*

K

kalter Kaffee, *vermeiden*

zur Kasse gebeten werden, *vermeiden,* bezahlen müssen

Kasse klingeln lassen, *vermeiden,* viel Geld verdienen, erfolgreich Geschäfte machen, *Geldmenge angeben*

zur Kenntnis nehmen, *besser* beachten, bemerken, erfahren, berücksichtigen

Kennzeichen, *besser* Nummernschild

mit Kind und Kegel, *vermeiden,* mit Familie, Kindern, Freunden, Bekannten

Kleinkrieg, *besser* kleinlicher, erbitterter Streit, *Ärger im Zusammenhang beschreiben*

Komplexität, *besser im Zusammenhang benennen, was vielschichtig und schwierig ist*

Komponist der Zauberflöte, *besser* Mozart (wie: Dichterfürst für Goethe, Ewige Stadt für Rom, Domstadt für Köln)

kontaktieren, *besser* sich wenden an, sich verabreden, treffen mit

Kostenaufwand, *vermeiden,* Kosten angeben

Kurs ändern, *vermeiden,* seine Meinung oder sein Ziel ändern, andere Aufgaben wählen, neu überlegen

Kurvenbereich, *besser* Kurve

L

Land und Leute, *vermeiden, Gegend und Bewohner beschreiben*

Langfinger, *vermeiden,* Dieb

vom Leder ziehen, *vermeiden,* streiten, jemandem angreifen, schlecht über jemanden reden

schweres Los treffen, *vermeiden, Schicksal und Folgen beschreiben*

Löwenanteil, *vermeiden,* der größte Anteil

M

Marathonsitzung, *vermeiden, angeben, wie lange die Sitzung gedauert hat*

Maßnahme ergreifen, *vermeiden, Handlungen, Pläne, Ziele, Aufgaben, Pflichten, konkret benennen*

Megaparty, megaschön, *vermeiden*

Mekka der (...), *vermeiden*

Minuswerte, *besser Temperatur oder Anzahl angeben*

Minuswachstum, *vermeiden*, Verluste, Rückgang, Abbau, Abnahme

N

die Nase vorn haben, *vermeiden*, Erster sein, der Beste sein

auf einen gemeinsamen Nenner bringen, *vermeiden,* sich einigen, einer Meinung sein, Streit beenden

Notbremse ziehen, *vermeiden*, etwas im letzten Moment verhindern, *konkret benennen*

gute Noten bekommen, *besser beschreiben, daß etwas gut ist*

nicht selten, *besser* oft, häufig

nicht unbekannt, *besser* bekannt

P

Paroli bieten, *vermeiden,* widersprechen, Widerstand leisten, widersetzen, *je nach Zusammenhang beschreiben*

Personenschaden, *vermeiden*, Mann, Frau, Kind verletzt

Pleitegeier, *vermeiden, benennen, wer in Konkurs geht*

pokern, *vermeiden, erläutern, welches Risiko jemand in Kauf nimmt, welche Taktik er anwendet*

Preise purzeln *vermeiden beschreiben, um wieviel Preis sinkt*

Problematik, *besser Problem konkret nennen*

Projekt, als Zusammensetzung *vermeiden*

Prozedere, *besser im Zusammenhang Vorgehen beschreiben*

R

im Rampenlicht stehen, *vermeiden*

Rekordkälte, *vermeiden*, kältester Tag oder Winter seit..., *eventuell Temperatur im Vergleich benennen*

reproduzieren, *besser* ersetzen, wiederholen, dasselbe zweimal herstellen

Ressourcen, *besser* Güter, Vorrat von etwas

menschliche Ressourcen, *vermeiden*, Arbeitskräfte, Arbeitnehmer, Angestellte

Restrisiko, *vermeiden, Risiko oder Gefahr beschreiben*

riesengroß, *vermeiden, originelleren Vergleich suchen*

Rotstift ansetzen, *vermeiden*, sparen, kürzen, *benennen, was eingespart wird*

S

Sachschaden, *besser Schaden im Zusammenhang erläutern*

Saus und Braus, *vermeiden*, gut/kostspielig/aufwendig leben, Geld haben, reich sein, sich alles leisten können

Schachzug, *vermeiden*, geschickte, geplante, taktische Handlung

Schadstoffemission, *vermeiden*, Luftverschmutzung oder Giftausstoß, *benennen, was ausgestoßen wird*

jemanden schief ansehen, *vermeiden, beschreiben, warum jemand gemieden oder sein Handeln mißbilligt wird*

schlank/schlanker/verschlanken, *vermeiden*, abbauen, streichen, kürzen, *im Zusammenhang Folgen für Beschäftigte beschreiben*

schlauer Fuchs, *vermeiden*, intelligent, taktisch, durchtrieben

Schneckentempo, *vermeiden*, (sehr) langsam

Schnippchen schlagen, *vermeiden*, raffiniert, durchtrieben zum Ziel gelangen

schöne Bescherung, *vermeiden, im Zusammenhang beschreiben*

auf Schritt und Tritt, *vermeiden*, immer, überall

ins Schwarze treffen, *besser* recht haben, der Beste sein*, im Zusammenhang erläutern, womit jemand Erfolg hat*

nicht selten, *besser* oft, häufig

sicherstellen, *besser* finden, mitnehmen

soziales Netz, *vermeiden*

S

Sozialumbau, *vermeiden, soziale Veränderungen und eventuell Kürzungen benennen*

in den Sparstrumpf greifen, *vermeiden,* viel Geld für etwas ausgeben

Sparwelle, *besser benennen, was und wieviel eingespart wird*

erster Spatenstich, *vermeiden,* Baubeginn, symbolischer Beginn der Bauarbeiten

Spitze des Eisberges, *vermeiden, den kleinen Teil von etwas sowie das Ganze beschreiben*

in die Startlöcher gehen, *besser* beginnen, anfangen, sich vorbereiten

Startschuß ist gefallen, *besser* etwas hat begonnen, jemand hat etwas eröffnet

Steine in den Weg legen, *vermeiden,* etwas verhindern, jemandem Schwierigkeiten bereiten, jemanden von etwas abhalten

die Stirn bieten, *vermeiden,* jemandem widersprechen, Widerstand leisten

Szenario, *besser Situation, Ort, Geschehen im Zusammenhang beschreiben*

T

Talfahrt, *vermeiden, beschreiben, welche Sache niedrig ist oder abnimmt im Vergleich zu vorher*

Tanzbein schwingen, *vermeiden,* tanzen

in die Tasche greifen, *vermeiden, benennen, wer wofür bezahlen muß*

Trendwelle, *vermeiden, beschreiben, was sich verändert und ob dies positiv oder negativ ist*

U

unüberbrückbar, *besser* Menschen können sich nicht einigen, es gibt keine Gemeinsamkeiten

nicht unbekannt, *besser* bekannt

unzählige Male, *besser* häufig *oder genaue Angabe machen*

V

Väterchen Frost, *vermeiden,* Frost, *Temperatur angeben*
verrichten, *vermeiden,* etwas machen, Aufgabe erfüllen
Verwendung finden, *besser* verwenden für, gebrauchen, passend sein
Vierbeiner, *vermeiden,* Hund
im Visier haben, *vermeiden, Ziel oder Plan beschreiben*
mit Volldampf/Vollgas voraus, *vermeiden, konkret beschreiben, wie intensiv und schnell etwas vorankommt*
vollziehen, *besser* etwas beenden, zu Ende bringen
Vorgehensweise, *besser* Vorgehen
Vorstoß auf, *besser geplante Handlung, Aufgabe, Ziel oder entschlossenes Handeln im Zusammenhang beschreiben*

W

in die Waagschale werfen, *vermeiden,* sich für etwas einsetzen *oder im Zusammenhang erläutern*
Weichen stellen, *vermeiden,* etwas planen, etwas vorbereiten
Wermutstropfen, *vermeiden,* der einzige Nachteil
in Wettbewerb treten, *vermeiden,* sich messen mit, *im Zusammenhang beschreiben*
bei Wind und Wetter, *vermeiden,* schlechtes Wetter *oder Wetter genauer beschreiben*
viel Wind machen, *vermeiden,* sich wichtig nehmen, *beschreiben, warum jemand Aufregung um etwas macht*
Wohnanschrift, *besser* Adresse, Wohnung, zu Hause

Z

in die Zange nehmen, *vermeiden,* jemanden bedrängen oder zwingen
Zankapfel, *weglassen, Auslöser, Grund oder Anlaß des Streits beschreiben*
Zug ins Rollen bringen, *besser* sich zusammentun, um eine Aufgabe zu bewältigen, etwas anstreben, sich einsetzen für

Anmerkungen

1. Bei der Verständlichkeitsforschung stehen inhaltliche Untersuchungen neben mathematischen Messungen der Verständlichkeit. So gibt es etwa die Verständlichkeitsformel nach Amstadt, die Ende der 70er Jahre entstand. Sein sogenannter Verständlichkeitsindex setzt sich aus einer Rechnung von Anzahl der Sätze, Wörter und Silben zusammen. Nachteil solcher Messungen ist, daß sie weder den Journalisten noch die Verarbeitung des Textes durch den Leser erfaßt (Amstad zit.n. Ballstaedt u.a. 1981, S. 212ff.).

2. Das Hamburger Modell basiert auf Erkenntnissen von Peter Teigeler. Inhaltlich gibt es weitgehende Übereinstimmung zwischen ihm und den Hamburgern Wissenschaftlern (Teigeler 1982).

3. Nach den Ergebnissen der Hamburger Forscher sind die stark umrandeten Skalenstufen für eine gute Verständlichkeit am günstigsten (Langer u.a. 1993, S. 29).

	++	+	o	-	
Einfachheit	++	+	o	-	
Gliederung-Ordnung	++	+	o	-	
Kürze-Prägnanz	++	+	o	-	
Zusätzliche Stimuli	++	+	o	-	

4. Michael Reuter ist eine erfundene Person. Dies soll keinesfalls als Anleitung verstanden werden, im Alltag Personen zu erfinden, um das Thema interessanter zu machen. Natürlich muß die Personalisierung echt sein. Sonst wäre bereits gegen das Qualitätskriterium Richtigkeit verstoßen. Unter Alltagsbedingungen dürfte es aber keine Schwierigkeiten machen, Menschen zu finden, um Geschichten beispielhaft zu veranschaulichen. Dies gilt auch für andere eigene Beispieltexte.

5. Die Autorinnen waren für folgende Kapitel verantwortlich. Karola Ahl-
   ke: Kapitel 2 Verständlich schreiben, Kapitel 3.2 Fachsprache versus
   Journalismus, Kapitel 5 Bürokratendeutsch und Kapitel 6 Wertende
   Sprache. Jutta Hinkel: Kapitel 3.1 Literatur versus Journalismus, Kapi-
   tel 4 Journalistische Sprachbausteine. Die übrigen Kapitel wurden in
   Zusammenarbeit geschrieben.

Quellenverzeichnis

Literatur

ANTOS, Gerd/KRINGS, Hans P. (Hrsg.): Textproduktion. Ein interdisziplinärer Forschungsüberblick. Tübingen, 1989

BADER, Renate: Was ist publizistische Qualität? Ein Annäherungsversuch am Beispiel Wissenschaftsjournalismus. In: Bammé, Arno/Kotzmann, Ernst/Reschenberg, Hasso (Hrsg.): Publizistische Qualität: Probleme und Perspektiven ihrer Bewertung. München, Wien, 1993, S. 17-39

BAERISWYL, Othmar: Gewissheitsgrade in Zeitungstexten. Eine Analyse gewissheitsreduzierender Elemente informativer Texte der Schweizer Zeitungen „Neue Zürcher Zeitung", „Tages Anzeiger" und „Blick". Freiburg in der Schweiz, 1989

BALLSTAEDT, Steffen-Peter/MANDL, Heinz/SCHNOTZ, Wolfgang/TERGAN, Sigmar-Olaf.: Texte verstehen, Texte gestalten. München, Wien, Baltimore, 1981

BAMMÉ, Arno/KOTZMANN, Ernst/RESCHENBERG, Hasso (Hrsg.): Publizistische Qualität: Probleme und Perspektiven ihrer Bewertung. München, Wien, 1993

BERG, Wolfgang: Uneigentliches Sprechen. Zur Pragmatik und Semantik von Metapher, Metonymie, Ironie, Litotes und rhetorischer Frage. Tübingen, 1978

BERGSDORF, Wolfgang: Politik und Sprache. München, 1978

BERNHARDT, Rüdiger/LEICHSENRING, Andreas/SCHMIDT, Hans (Hrsg.): Vom Handwerk des Schreibens. Ein Sachbuch für Schreibende. Berlin, 1976

BEUTIN, Wolfgang: Sprachkritik - Stilkritik. Eine Einführung. Stuttgart, Berlin, Köln, Mainz, 1976

BLUM, Joachim/BUCHER, Hans-Jürgen: Die Zeitung: Ein Multimedium. Textdesign - ein Gestaltungskonzept für Text, Bild und Grafik. Konstanz, 1998

BLÜHDORN, Hardarik: Entsorgungspark Sprache. Von der linguistischen Beseitigung des Mülls. In: Liedtke, Frank/Wengeler, Martin/Böke, Karin (Hrsg.): Begriffe besetzen. Strategien des Sprachgebrauchs in der Politik. Opladen, 1991, S. 338-355

BÖTTGER, Wolfgang: Journalistischer Sprachgebrauch in analytischen Texten. Lehrheft zur Theorie und Praxis des journalistischen Sprachgebrauchs. Leipzig, 1989

BRANDSTETTER, Alois: Betrifft: Verfall der deutschen Sprache. In: Zeitschrift für Literaturwissenschaft und Linguistik (LiLi), Heft 62, 1986, S. 108-125

BRETSCHNEIDER, Jürgen/MORGENSTERN, Hildegard: Stilfragen des Porträts und des Feuilletons. Lehrheft zum journalistischen Sprachgebrauch. Leipzig, 1987

BRÜNNER, Gisela: Metaphern für Sprache und Kommunikation in Alltag und Wissenschaft. In: Diskussion Deutsch, Heft 93, Februar 1987, S. 100-119

BUCHER, Hans-Jürgen/STRAßNER, Erich: Mediensprache, Medienkommunikation, Medienkritik. Tübingen, 1991

BURGER, Harald: Sprache der Massenmedien. Berlin, New York, 1990

BUSSE, Dietrich: „Chaoten und Gewalttäter". Ein Beitrag zur Semantik des politischen Sprachgebrauchs. In: Burkhardt, Armin/Hebel, Franz/Hoberg,

Rudolf (Hrsg.): Sprache zwischen Militär und Frieden: Aufrüstung der Begriffe? Tübingen, 1989, S. 93-125

BUßMANN, Hadumod: Lexikon der Sprachwissenschaft. Stuttgart, 1983

CASSIRER, Ernst: Symbol, Technik, Sprache: Aufsätze aus den Jahren 1927-1933. In: Orth, Ernst Wolfgang/Krois, John Michael (Hrsg.): Philosophische Bibliothek. Band 372. Hamburg, 1985

DEDERDING, Hans-Martin: Wortbildung und Text. Zur Textfunktion (TF) von Nominalkomposita (NK). In: Zeitschrift für germanistische Linguistik (ZGL), Nummer 11, 1983, S. 49-64

DEMANT, Alexander: Metaphern für Geschichte. Sprachbilder und Gleichnisse im historisch-politischen Denken. München, 1978

DEUTSCHE AKADEMIE FÜR SPRACHE UND DICHTUNG: Der öffentliche Sprachgebrauch Band 1. Die Sprachnorm-Diskussion in Presse, Hörfunk und Fernsehen. Stuttgart, 1981

DRESSLER, Wolfgang U.: Funktion und Textzusammenhang in der Wissenschaftssprache. In: Dressler, Wolfgang U./Wodak, Ruth (Hrsg.): Fachsprache und Kommunikation. Experten im sprachlichen Umgang mit Laien. Wien, 1989, S. 79-92

DREWS, Axel/GERHARD, Ute/LINK, Jürgen: Moderne Kollektivsymbolik. Eine diskurstheoretische Einführung mit Auswahlbibliographie. In: Internationales Archiv für Sozialgeschichte der deutschen Literatur (IASL), 1. Sonderheft Forschungsreferate. Tübingen, 1985, S. 256-375

DUDEN: Das Fremdwörterbuch. Mannheim, Wien, Zürich, 1990, 5. Auflage

DUDEN: Redewendungen und sprichwörtliche Redensarten. Wörterbuch der deutschen Idiomatik. Band 11. Mannheim, Leipzig, Wien, Zürich, 1992

EICHLER, Richard W.: Sprache als Spiegel der Torheiten. In: Zierer, Otto (Hrsg.): Weissbuch zur Rettung der Sprache. München, 1976, S. 154-171

EMONDS, Heiner: Metaphernkommunikation. Zur Theorie des Verstehens
von metaphorisch verwendeten Ausdrücken der Sprache. Göppingen, 1989

ENKEMANN, Jürgen: Journalismus und Literatur. Zum Verhältnis von Zeitungswesen, Literatur und Entwicklung bürgerlicher Öffentlichkeit in Eng-
land im 17. und 18. Jahrhundert. Tübingen, 1983

EROMS, Hans-Werner: Textlinguistik und Stiltheorie. In: Weiss, Wal-
ter/Wiegand, Herbert Ernst/Reis, Marga (Hrsg.): Textlinguistik contra Stilistik. In: Schöne, Albrecht (Hrsg.): Kontroversen, alte und neue. Band 3.
Tübingen, 1986, S. 10-22

FAULSEIT, Dieter: Gutes und schlechtes Deutsch. Einige Kapitel
praktischer Sprachpflege. Leipzig, 1980

FISCHER, Achim: Weder Hexenwerk noch Zufallsprodukt. Qualität und
Routinen im Wissenschaftsjournalismus. Unveröffentlichte Diplomarbeit am
Institut für Journalistik der Universität Dortmund. Dortmund, 1995

FIX, Ulla: Stil als komplexes Zeichen im Wandel. Überlegungen zu einem
erweiterten Stilbegriff. In: Zeitschrift für germanistische Linguistik (ZGL),
Nummer 20, 1992, S. 193-209

FLEISCHER, Wolfgang/MICHEL, Georg: Stilistik der deutschen
Gegenwartssprache. Leipzig, 1979, 3. Auflage

FREY, Eberhard: Text und Stilrezeption. Empirische Grundlagenstudien zur
Stilistik. Königstein/Taunus, 1980

FRIEDRICHS, Jürgen: Methoden empirischer Sozialforschung. Opladen,
1980, 11. Auflage

FRÜH, Werner: Lesen, Verstehen, Urteilen. Untersuchungen über den Zusammenhang von Textgestaltung und Textwirkung. Freiburg, München,
1980

FUNK-KOLLEG SPRACHE: Eine Einführung in die moderne Linguistik.
Band 1. Frankfurt am Main, 1973

GAUGER, Hans-Martin/OESTERREICHER, Wulf/HENNE, Helmut u.a.:
Sprachgefühl? Vier Antworten auf eine Preisfrage. Heidelberg, 1982

GAUGER, Hans-Martin (Hrsg.): Sprach-Störungen. Beiträge zur Sprachkritik. München, Wien, 1986

GAUGER, Hans-Martin: Der Autor und sein Stil. Zwölf Essays. Stuttgart,
1988

GAUGER, Hans-Martin: Was ist eigentlich Stil? In: Stickel, Gerhard
(Hrsg.): Stilfragen. Jahrbuch 1994 des Instituts für deutsche Sprache. Berlin,
New York, 1995, S. 7-27

GAUGER, Hans-Martin: Über Sprache und Stil. München, 1995

GEIER, Ruth/HUTH, Hella/WITTICH, Ursula: Verständlich und wirksam
schreiben. Leipzig, 1982

GESELLSCHAFT FÜR DEUTSCHE SPRACHE (Hrsg.): Wörter und
Unwörter. Sinniges und Unsinniges der deutschen Gegenwartssprache.
Niedernhausen/Taunus, 1993

GROEBEN, Norbert/CHRISTMANN, Ursula: Textoptimierung unter
Verständlichkeitsperspektive. In: Antos, Gerd/Krings, Hans P. (Hrsg.):
Textproduktion. Ein interdisziplinärer Forschungsüberblick. Tübingen,
1989, S. 165-197

GROSS, Harro: Einführung in die germanistische Linguistik. München,
1990, 2. Auflage

HAGEN, Lutz M: Informationsqualität von Nachrichten: Meßmethoden und
ihre Anwendung auf die Dienste von Nachrichtenagenturen. Opladen, 1995

HASS, Ulrike: Das Besetzen von Begriffen: Kommunikative Strategien und
Gegenstrategien in der Umweltdiskussion. In: Liedtke, Frank/Wengeler,
Martin/Böke, Karin (Hrsg.): Begriffe besetzen. Strategien des Sprachge-
brauchs in der Politik. Opladen, 1991, S. 330-338

HAUSMANN, Franz Josef: Für und Wider eine distinktiven Synonymik des Deutschen. In: Weiss, Walter/ Wiegand, Ernst/ Reis, Marga (Hrsg.): Textlinguistik contra Stilistik. In: Schöne, Albrecht (Hrsg.): Kontroversen, alte und neue. Band 3. Tübingen, 1986, S. 237-241

HÄUSERMANN, Jürg/KÄPPELI, Heiner: Rhetorik für Radio und Fernsehen. Regeln und Beispiele für mediengerechtes Schreiben, Sprechen, Informieren, Kommentieren, Interviewen, Moderieren. Frankfurt am Main, 1986

HÄUSERMANN, Jürg: Journalistisches Texten. Sprachliche Grundlagen für professionelles Informieren. Aaran, Frankfurt am Main, 1993

HAVERKAMP, Anselm (Hrsg.): Theorie der Metapher. Darmstadt, 1983

HEIZMANN, Jürgen: Joseph Roth und die Ästhetik der Neuen Sachlichkeit. Heidelberg, 1990

HENLE, Paul (Hrsg.): Denken, Sprache, Kultur. Stuttgart, 1975

HENNE, Helmut/MENTRUP, Wolfgang (Hrsg.): Wortschatz- und Verständigungsprobleme. Was sind „schwere Wörter" im Deutschen? Düsseldorf, 1983

HERINGER, Hans-Jürgen: Textverständlichkeit. Leitsätze und Leitfragen. In: Zeitschrift für Literaturwissenschaft und Linguistik (LiLi), Heft 55, 1984, S. 57-70

HERINGER, Hans-Jürgen: Zur Einführung. In: Stötzel, Georg (Hrsg.): Germanistik - Forschungsstand und Perspektiven: Vorträge des deutschen Germanistentages 1984. Teil 1: Germanistische Sprachwissenschaft, Didaktik der deutschen Sprache und Literatur. Berlin, New York, 1985, S. 219-221

HOBERG, Rudolf: Politischer Wortschatz zwischen Fachsprachen und Gemeinsprachen. In: Burkhardt, Armin/Hebel, Franz/Hoberg, Rudolf (Hrsg.): Sprache zwischen Militär und Frieden: Aufrüstung der Begriffe? Tübingen, 1989, S. 9-21

JACOBI, Jutta: Journalisten im literarischen Text. Studien zum Werk von Karl Kraus, Egon Erwin Kisch und Franz Werfel. Frankfurt am Main, Bern, New York, 1989

JUNG, Matthias: Öffentlichkeit und Sprachwandel. Zur Geschichte des Diskurses über die Atomenergie. Opladen, 1994

JUNG, Matthias: Umweltstörfälle. Fachsprache und Expertentum in der öffentlichen Diskussion. In: Stötzel, Georg/Wengeler, Martin (Hrsg.): Kontroverse Begriffe. Geschichte des öffentlichen Sprachgebrauchs in der Bundesrepublik Deutschland. Berlin, New York, 1995, S. 618-680

KAEMPFERT, Manfred: Die Schlagwörter. Noch einmal zur Wortgeschichte und zum lexikologischen Begriff. In: Muttersprache. Band 100, 1990, S. 192-203

KALLMEYER, W./KLEIN, W./MEYER-HERMANN, R. u. a.: Lektürekolleg zur Textlinguistik. Band 1: Einführung. Heidelberg, 1974

KARL-MARX-UNIVERSITÄT LEIPZIG, FAKULTÄT FÜR JOURNALISTIK (Hrsg.): Stilistik der deutschen Sprache. Lehrbrief 7/13, Berlin, 1955

KARL-MARX-UNIVERSITÄT LEIPZIG, FAKULTÄT FÜR JOURNALISTIK (Hrsg.): Stilistik der deutschen Sprache. Vom Wesen des Subjekts. Lehrbrief 8/14, Berlin, 1956

KARL-MARX-UNIVERSITÄT LEIPZIG, FAKULTÄT FÜR JOURNALISTIK (Hrsg.): Stilistik der deutschen Sprache. Der verbale und der nominale Satztyp. Lehrbrief 9/15, Berlin, 1956

KARL-MARX-UNIVERSITÄT LEIPZIG, FAKULTÄT FÜR JOURNALISTIK: Stilistik der deutschen Sprache. Beiträge zum Stil journalistischer Texte. Heft 2, Leipzig, 1966

KARL-MARX-UNIVERSITÄT LEIPZIG, FAKULTÄT FÜR JOURNALISTIK: Stilistik der deutschen Sprache. Beiträge zum Stil journalistischer Texte. Heft 3, Berlin, 1967

KARL-MARX-UNIVERSITÄT LEIPZIG, SEKTION JOURNALISTIK:
Studientexte Stilistikausbildung für Journalisten. Leipzig, 1974

KARL-MARX-UNIVERSITÄT LEIPZIG, SEKTION JOURNALISTIK
(Hrsg.): Stilistikausbildung von Journalisten. Studientexte II. Leipzig, 1976a

KARL-MARX-UNIVERSITÄT LEIPZIG, SEKTION JOURNALISTIK
(Hrsg.): Stilistikausbildung von Journalisten. Studientexte III. Leipzig,
1976b

KARL-MARX-UNIVERSITÄT LEIPZIG, SEKTION JOURNALISTIK:
Zur Funktion bildlicher Mittel in journalistischen Texten. Lehrbuch der
Stilistik, Kapitel 6. Leipzig, 1977

KARL-MARX-UNIVERSITÄT LEIPZIG, SEKTION JOURNALISTIK
(Hrsg.): Stilistik für Journalisten. Lehrbuch (Teil I), Leipzig, 1981a

KARL-MARX-UNIVERSITÄT LEIPZIG, SEKTION JOURNALISTIK
(Hrsg.): Stilistikausbildung für Journalisten. Studientexte I. Leipzig, 1981b

KISCH, Egon Erwin: Die Mutter des Mörders und ein Reporter. In: Der
rasende Reporter. Köln, 1985, S. 323ff

KLEIN, Josef: Wortschatz, Wortkampf, Wortfelder in der Politik. In: Klein,
Josef (Hrsg.): Politische Semantik. Beiträge zur politischen Sprachverwen-
dung. Opladen, 1989, S. 3-51

KLEIN, Wolfgang: Textverständlichkeit - Textverstehen. In: Zeitschrift für
Literaturwissenschaft und Linguistik (LiLi), Heft 55, 1984, S. 7-9

KLUTE, Wilfried (Hrsg.): Fachsprache und Gemeinsprache. Texte zum
Problem der Kommunikation in der arbeitsteiligen Gesellschaft. Frankfurt
am Main, 1975

KNOP, Sabine De: Metaphorische Komposita in Zeitungsüberschriften.
Tübingen, 1987

KÖNIGSTEDT, Harry: Sprachtips für Journalisten. Die dritten 1000
„Hoppalas" aus unseren Tageszeitungen. Salzburg, 1994

KORBMANN, Reiner: Was ist journalistische Qualität? In: Bammé, Arno/Kotzmann, Ernst/Reschenberg, Hasso (Hrsg.): Publizistische Qualität. Probleme und Perspektiven ihrer Bewertung. München, Wien, 1993, S. 141-147

KRAHL, Siegfried: Stilistik der deutschen Sprache. Die syntaktische Ordnung. Teil 1 und 2, Berlin, 1956

KRAHL, Siegfried: Stilistik der deutschen Sprache. Phraseologie. Lehrbrief 12/18, Berlin, 1957

KRAHL, Siegfried/FAULSEIT, Dieter: Stilistik der deutschen Sprache. Die Komposition journalistischer Texte. Teil 1, Lehrbrief 13/19, Berlin, 1957

KRAHL, Siegfried/FAULSEIT, Dieter: Stilistik der deutschen Sprache. Die Komposition journalistischer Texte. Teil 2, Lehrbrief 14/29, Berlin, 1958

KRAHL, Siegfried: Stilistik der deutschen Sprache. Beispiele textanalytischer Arbeit. Beiträge zum Stil journalistischer Texte. Heft 5, Berlin 1968

KÜHN, Peter: Phraseologismen und ihr semantischer Mehrwert. In: Sprache und Literatur in Wissenschaft und Unterricht, Nummer 56, 1985, S. 37-47

KÜHN, Peter: Zur Bedeutungsbeschreibung von Routineformeln in Wörterbüchern. In: Weiss, Walter/Wiegand, Herbert Ernst/Reis, Marga (Hrsg.): Textlinguistik contra Stilistik. In: Schöne, Albrecht (Hrsg.): Kontroversen, alte und neue. Band 3. Tübingen, 1986, S. 223-227

KURZ, Josef: Stilistik der deutschen Sprache. Einige Prinzipien des journalistischen Sprachstils. Berlin, 1968

KURZ, Josef: Stilprinzipien für das Interview. Lehrheft zum journalistischen Sprachgebrauch. Leipzig, 1987

KURZ, Josef: Stilprinzipien für den Bericht. Lehrheft zum journalistischen Sprachgebrauch. Leipzig, 1987

LANGER, Inghard/SCHULZ VON THUN, Friedemann/TAUSCH, Reinhard: Sich verständlich ausdrücken. München, Basel, 1993, 5. Auflage

LAPP, Edgar: Ironie als simulierte Unaufrichtigkeit. Ein sprechakttheoretisches Modell zur Analyse ironischer Äußerungen. In: Sprache und Literatur in Wissenschaft und Unterricht. Nummer 62, 1992, S. 43-71

LENNIG, Walter: Gottfried Benn in Selbstzeugnissen und Bilddokumenten. Reinbek, 1962, S. 62

LINK, Elisabeth: Fremdwörter - Der Deutschen liebste schwere Wörter? In: Deutsche Sprache. Zeitschrift für Theorie, Praxis, Dokumentation. Band 11, 1983, S. 47-77

LINK, Jürgen: Die Struktur des Symbols in der Sprache des Journalismus. Zum Verhältnis literarischer und pragmatischer Symbole. München, 1978

LINK, Jürgen: Literaturwissenschaftliche Grundbegriffe. Eine programmierte Einführung auf strukturalistischer Basis. München, 1993, 5. Auflage

LÜGER, Heinz-Helmut: Stereotypie und Konversationsstil. Zu einigen Funktionen satzwertiger Phraseologismen im literarischen Dialog. In: Deutsche Sprache. Zeitschrift für Theorie, Praxis, Dokumentation. Band 17, 1989, S. 2-25

MACKENSEN, Lutz: Traktat über Fremdwörter. Heidelberg, 1972

MEUTSCH, Dietrich: Wie „entsteht" ein verständlicher Text? Einflüsse literarischer und nicht literarischer Kontexte auf zielspezifische Verstehensprozesse. In: Zeitschrift für Literaturwissenschaft und Linguistik (LiLi), Heft 55, 1984, S. 86-112

MICHAELIS, Werner/BÖTTGER, Wolfgang: Sprachliche Gesichtspunkte des journalistischen Argumentierens. Lehrheft zum journalistischen Sprachgebrauch. Leipzig, 1988

MICHEL, Georg: Einführung in die Methodik der Stiluntersuchung. Ein Lehr- und Übungsbuch für Studierende. Berlin, Leipzig, 1968

MICHEL, Georg: Text- und Stilnormen als Regeln oder als Modelle? In: Weiss, Walter/Wiegand, Ernst/ Reis, Marga (Hrsg.): Textlinguistik contra Stilistik. In: Schöne, Albrecht (Hrsg.): Kontroversen, alte und neue. Band 3. Tübingen, 1986

MÖHN, Dieter/PELKA, Roland: Fachsprachen. Eine Einführung. Tübingen, 1984

MÖLLER, Georg: Praktische Stillehre. Leipzig, 1980, 3. Auflage

MÜLLER, Gerhard/STEINHAUER, Anja: Wörter des Jahres 1995. Bemerkungen zur Gegenwartssprache. In: Der Sprachdienst. Nummer 1, 1996, S. 1-18

NICKISCH, Reinhard M. G.: Gutes Deutsch? Kritische Studien zu den maßgeblichen praktischen Stillehren der deutschen Gegenwartssprache. Göttingen, 1975

OKSAAR, Els: Verständigungsprobleme im Sprachbereich 'Politik': Schwere Wörter in den Nachrichten und Kommentaren. In: Henne, Helmut/Mentrup, Wolfgang (Hrsg.): Wortschatz und Verständigungsprobleme. Was sind „schwere Wörter" im Deutschen? Jahrbuch 1982 des Instituts für deutsche Sprache. Düsseldorf 1982, S. 119-133

OKSAAR, Els: Fachsprachliche Dimensionen. Tübingen, 1989

OOMEN, Ursula: Ironische Äusserungen: Syntax - Semantik - Pragmatik. In: Zeitschrift für germanistische Linguistik (ZGL). Deutsche Sprache in Gegenwart und Geschichte. Nr. 11, 1983, S. 22-38

PFEIFER, Hans- Wolfgang: Qualität und Organisation. In: Rager, Günther/Haase, Helga/Weber, Bernd (Hrsg.): Zeile für Zeile - Qualität in der Zeitung. Münster, Hamburg, 1994, S. 78-91

PIELENZ, Michael: Argumentation und Metapher. Tübingen, 1993

POLENZ, Peter von: Deutsche Satzsemantik. Grundbegriffe des Zwischen-den-Zeilen-Lesens. Berlin, New York, 1985

POLENZ, Peter von: Funktionsverben, Funktionsverbgefüge und Verwandtes. Vorschläge zur satzsemantischen Lexikographie. In: Zeitschrift für germanistische Linguistik (ZGL), Nummer 15, 1987, S. 169-189

PÖRKSEN, Uwe: Plastikwörter. Die Sprache einer internationalen Diktatur. Tübingen, 1989, 4. Auflage

PÖTSCHKE, Joachim: Vorzüge und Nachteile der nominalen Ausdrucks-weise. Lehrbuch der Stilistik Kapitel 5. Leipzig, 1978

PÜSCHEL, Ulrich: Das Stilmuster „Abweichen". Sprachpragmatische Überlegungen zur Abweichungsstilistik. In: Sprache und Literatur in Wissenschaft und Unterricht, Nummer 55, 1985, S. 9-24

PÜSCHEL, Ulrich: Stilpragmatik - Vom praktischen Umgang mit Stil. In: Stickel, Gerhard (Hrsg.): Stilfragen. Jahrbuch 1994 des Instituts für deutsche Sprache. Berlin, New York, 1995, S. 303-329

RAGER, Günther/HAASE, Helga/WEBER, Bernd (Hrsg.): Zeile für Zeile - Qualität in der Zeitung. Münster, Hamburg, 1994

RAGER, Günther/MÜLLER-GERBES, Sigrun/HAAGE, Anne: Leserwünsche als Herausforderung: neue Impulse für die Tageszeitung. Bonn, 1994

RAITH, Werner: gut schreiben. Ein Leitfaden. Frankfurt, New York, 1988

REINERS, Ludwig: Stilfibel. Der sichere Weg zum guten Deutsch. München, 1951

REINERS, Ludwig: Stilkunst. Ein Lehrbuch deutscher Prosa. München, 1991

RIESEL, E./SCHENDELS, E.: Deutsche Stilistik. Moskau, 1975

ROTH, Joseph: Hotel Savoy. Köln, 1994, S. 15

ROTHACKER, Edgar/SAILE, Günter: Ich weiß nicht, was soll es bedeuten. Grundfragen der Semantik. Opladen, 1986

RUPP, Heinz: Über die Notwendigkeit von und das Unbehagen an Stilbüchern. In: O. V.: Sprachnormen in der Diskussion. Beiträge vorgelegt von Sprachfreunden. Berlin, New York, 1986, S. 102-115

RUSS-MOHL, Stephan: Am eigenen Schopfe... Qualitätssicherung im Journalismus - Grundfragen, Ansätze, Näherungsversuche. In Publizistik, Heft 1, 1992, S. 83-96

RUSS-MOHL, Stephan: Der I-Faktor: Qualitätssicherung im amerikanischen Journalismus - Modell für Europa? Zürich, 1994

SANDERS, Willy: Gutes Deutsch - besseres Deutsch. Praktische Stillehre der deutschen Gegenwartssprache. Darmstadt, 1996, 3. Auflage

SANDIG, Barbara: Syntaktische Typologie der Schlagzeile. Möglichkeiten und Grenzen der Sprachökonomie im Zeitungsdeutsch. München, 1971

SANDIG, Barbara: Stilistik der deutschen Sprache. Berlin, New York, 1986

SANDIG, Barbara: Stilistische Funktionen verbaler Idiome am Beispiel von Zeitungsglossen und anderen Verwendungen. In: Gréciano, Gertrud (Hrsg.): Europhras 88. Phraséologie contrastive. Straßburg, 1989, S. 387-400

SANDROCK, Monika: Möglichkeiten der Erklärung wissenschaftlicher Fachtermini in populärwissenschaftlichen Texten. In: Knobloch, Clemens (Hrsg.): Fachsprache und Wissenschaftssprache. Essen, 1987, S. 71-90

SCHATZ, Heribert/SCHULZ, Winfried: Qualität von Fernsehprogrammen. Kriterien und Methoden zur Beurteilung von Programmqualität im dualen Fernsehsystem. In: Media Perspektiven, Nr. 11, 1992, S. 690-712

SCHLIEBEN-LANGE, Brigitte/KREUZER, Helmut: Probleme und Perspektiven der Fachsprachen- und Fachliteraturforschung. Zur Einleitung. In: Zeitschrift für Literaturwissenschaft und Linguistik (LiLi), Heft 51/52, 1983, S. 7-25

SCHNEIDER, Wolf: Deutsch für Profis. Wege zu gutem Stil. München, 1984, 8. Auflage

SCHNEIDER, Wolf: Deutsch für Kenner. Die neue Stilkunde. München, Zürich, 1996

SCHNEIDER, Wolf/RAUE, Paul-Josef: Handbuch des Journalismus. Reinbeck bei Hamburg, 1996

SCHÜTZ, Erhard/VOGT, Jürgen: Einführung in die deutsche Literatur des 20. Jahrhunderts. Band 2: Weimarer Republik, Faschismus und Exil. Opladen, 1977

SEIFFERT, Helmut: Stil heute. Eine Einführung in die Stilistik. München, 1977

STAAK, Jan van der: Verständlichmachung - Verständlichkeit - Verstehen. Pflichten und Rechte von Produzent und Rezipient fachexterner Texte. In: Henne, Helmut/Mentrup, Wolfgang (Hrsg.): Wortschatz und Verständigungsprobleme. Was sind „schwere" Wörter im Deutschen. Jahrbuch 1982 des Instituts für deutsche Sprache. Düsseldorf, 1983, S. 52-71

STEGER, Hugo: Sprache im Wandel. In: Benz, Wolfgang: Die Bundesrepublik Deutschland. Band 3: Kultur. Frankfurt am Main, 1983, S. 15-47

STRAUSS, Gerhard/ZIFONUN, Gisela: Die Semantik schwerer Wörter im Deutschen. Teil 1: Lexikologie schwerer Wörter. Tübingen, 1985

STRAUSS, Gerhard/HASS, Ulrike/HARRAS, Gisela: Brisante Wörter von Agitation bis Zeitgeist. Ein Lexikon zum öffentlichen Sprachgebrauch. Berlin, New York, 1989

STRIETZ, Monika: Themen aktueller Metapherndiskussion: Zur kognitiven Funktion von Metaphern und ihrem Handlungspotential. In: Lenk, Hartmut E.H. (Hrsg.): Der Gingko Baum. Germanistisches Jahrbuch für Nordeuropa. Elfte Folge. Helsinki, 1992, S. 22-30

TAUBER, Marianne: Leserangepaßte Verständlichkeit. Der Einfluß von Lesbarkeit und Gliederung am Beispiel von Zeitungsartikeln. Bern, Frankfurt am Main, Nancy, New York, 1984

TEIGELER, Peter: Verständlich sprechen, schreiben, informieren. Bad Honnef, 1982

TODOROW, Almuth: „Wollen Eintagsfliegen in den Rang höherer Insekten aufsteigen?" Die Feuilleton-Konzeption der Frankfurter Zeitung während der Weimarer Republik im redaktionellen Selbstverständnis. In: Deutsche Vierteljahresschrift, Heft 4, 1988, S. 697-740

TRABANT, Jürgen: Das Andere der Fachsprache. Die Emanzipation der Sprache von der Fachsprache im neuzeitlichen europäischen Sprachdenken. In: Zeitschrift für Literaturwissenschaft und Linguistik (LiLi), Heft 51/52, 1983, S. 27-47

TRABOLD, Annette: Sprachpolitik, Sprachkritik und Öffentlichkeit. Anforderungen an die Sprachfähigkeit des Bürgers. Wiesbaden, 1993

WALLISCH, Gianluca: Journalistische Qualität. Definitionen - Modelle - Kritik. Konstanz 1995

WEBER, Bernd/RAGER, Günther: Zeile für Zeile Qualität. Was Journalisten über Qualität in der Zeitung denken. In: Rager, Günther/Haase, Helga/Weber, Bernd (Hrsg.): Zeile für Zeile - Qualität in der Zeitung. Münster, Hamburg, 1994, S. 1-15

WENGELER, Martin: Die Sprache der Aufrüstung. Zur Geschichte der Rüstungsdiskussionen nach 1945. Wiesbaden, 1992

WILPERT, Gero von: Sachwörterbuch der Literatur. Stuttgart, 1989, 7. verbesserte und erweiterte Auflage

WIMMER, Rainer (Hrsg.): Sprachkultur. Düsseldorf, 1985

Verwendete Zeitungsartikel

Text 1: Dill Post, 30. Dezember 1996

Text 2: Wetzlarer Neue Zeitung, 10. Dezember 1996

Text 3: Giessener Allgemeine Zeitung, 20. März 1997

Text 4: Dill Post, 30. Dezember 1996

Text 5: Oberhessische Presse, 31. Januar 1997

Text 6: Dill Post, 12. Dezember 1996

Text 7: Wetzlarer Neue Zeitung, 27. Dezember 1996

Text 8: Wetzlarer Neue Zeitung, 10. Dezember 1996

Text 9: Dill Post, Weihnachten 1996

Text 10: Weilburger Tageblatt, 8. Januar 1997

Text 11: Wetzlarer Neue Zeitung, 30. Dezember 1996

Text 12: Weilburger Tageblatt, 11. Dezember 1996

Text 13: Dill Post, 2. Mai 1997

Text 14: Weilburger Tageblatt, 11. Dezember 1996

Text 15: Giessener Allgemeine Zeitung, 20. März 1997

Text 16: Dill Post, 18. Dezember 1996

Text 17: Giessener Allgemeine Zeitung, 4. Februar 1997

Text 18: Giessener Allgemeine Zeitung, 22. April 1997

Text 19: Dill Post, 17. Dezember 1996

Text 20: Weilburger Tageblatt, 9. Januar 1997

Text 21: Ökotest, Pressemitteilung, 23. März 1998

Text 22: Wetzlarer Neue Zeitung, 24. Dezember 1996

Text 23: Giessener Allgemeine Zeitung, 22. April 1997

Text 24: Giessener Allgemeine Zeitung, 22. April 1997

Text 25: Dill Post, 13. Dezember 1996

Text 26: Dill Post, 12. Dezember 1996

Sachregister

Reihe Praktischer

Grundwissen

Claudia Mast (Hg.)
ABC des Journalismus
Ein Leitfaden für die
Redaktionsarbeit
8., überarbeitete Auflage 1998
594 Seiten, br.
ISBN 3-89669-239-9

Hans-Joachim Schlüter
ABC für Volontärsausbilder
Lehrbeispiele und
praktische Übungen.
Mit einem Geleitwort
von Herbert Riehl-Heyse
2. Auflage 1991
256 Seiten, br.
ISBN 3-89669-013-2

Heinz Pürer (Hg.)
**Praktischer Journalismus in
Zeitung, Radio und Fernsehen**
Mit einer Berufs- und Medienkunde für
Journalisten in Österreich, Deutschland
und der Schweiz
2., überarbeitete und erweiterte
Auflage 1996
664 Seiten, br.
ISBN 3-89669-206-2

Peter Zschunke
Agenturjournalismus
Nachrichtenschreiben
im Sekundentakt
1994, 272 Seiten, br.
ISBN 3-89669-015-9

Michael Haller
Recherchieren
Ein Handbuch für Journalisten
5., überarbeitete Auflage,
erscheint Anfang 1999
ca. 300 Seiten, br.
ISBN 3-89669-232-1

Michael Haller
Das Interview
Ein Handbuch für Journalisten
2., überarbeitete Auflage 1997
458 Seiten, br.
ISBN 3-89669-009-4

Ernst Fricke
Recht für Journalisten
Grundbegriffe und Fallbeispiele
1997, 402 Seiten, br.
ISBN 3-89669-023-X

Hermann Sonderhüsken
Kleines Journalisten-Lexikon
Fachbegriffe und Berufsjargon
1991, 160 Seiten, br.
ISBN 3-89669-018-3

Journalismus

Ressorts

Josef Hackforth
Christoph Fischer (Hg.)
ABC des Sportjournalismus
1994, 360 Seiten, br.
ISBN 3-89669-014-0

Karl Roithmeier
Der Polizeireporter
Ein Leitfaden für die
journalistische Berichterstattung
1994, 224 Seiten, br.
ISBN 3-89669-021-3

Gunter Reus
Ressort: Feuilleton
Kulturjournalismus
für Massenmedien
1995, 320 Seiten, br.
ISBN 3-89669-024-8

Gottfried Aigner
Ressort: Reise
Neue Verantwortung
im Reisejournalismus
1992, 272 Seiten, br.
ISBN 3-89669-019-1

Presse

Michael Haller
Die Reportage
Ein Handbuch für Journalisten
3., überarbeitete Auflage 1995
336 Seiten, br.
ISBN 3-89669-011-6

Werner Nowag
Edmund Schalkowski
Kommentar und Glosse
1998, 364 Seiten, br.
ISBN 3-89669-212-7

Karola Ahlke
Jutta Hinkel
Sprache und Stil
Ein Handbuch für Journalisten
1999, 174 Seiten, br.
ISBN 3-89669-242-9

Peter Brielmaier
Eberhard Wolf
Zeitungs- und Zeitschriftenlayout
1997, 268 Seiten, br.
ISBN 3-89669-031-0

DRUCK-SACHE

Profile/Passagen/Positionen

Herausgegeben von Walter Hömberg

UVK
Medien

Die Leistungen einzelner Journalisten und Publizisten gehen in der Medienflut unserer Tage meist unter. Diese Buchreihe stellt profilierte Autoren verschiedener Medien mit einer Auswahl ihrer Werke vor. Darüber hinaus bietet sie ein Forum zur Diskussion aktueller Zeitfragen.

Band 1
Herbert Riehl-Heyse
Am Rande des Kraters
Reportagen und Essays
aus drei bewegten Jahren
1993, 160 Seiten, engl. Broschur
ISBN 3-89669-034-5

Herbert Riehl-Heyse ist leitender Redakteur bei der »Süddeutschen Zeitung« in München und Träger zahlreicher journalistischer Auszeichnungen. Für den Beitrag »Man schlägt den Sack und meint den Esel« aus diesem Band erhielt er den Medienpreis des Deutschen Bundestages.

»Herbert Riehl-Heyse überläßt es der Intelligenz des Lesers, die richtigen Schlüsse zu ziehen.«

Stuttgarter Zeitung

Band 2
Jürgen Leinemann
Gespaltene Gefühle
Politische Porträts aus dem
doppelten Deutschland
1995, 256 Seiten, engl. Broschur
ISBN 3-89669-035-3

Jürgen Leinemann arbeitet seit 1971 für den »Spiegel« – von 1975 bis 1989 als Reporter in Bonn und seit dem Fall der Mauer in Berlin. Für sein Porträt von Hans-Dietrich Genscher erhielt er 1983 den Egon-Erwin-Kisch-Preis.

»Wahrscheinlich der beste psychologische Porträtist deutscher Zunge.«

Bayerischer Rundfunk

Band 3
Peter Sartorius
Seiltanz über den Fronten
Als Augenzeuge bei Krisen,
Kriegen, Katastrophen
Herausgegeben und eingeleitet
von Walter Hömberg
1997, 246 Seiten, engl. Broschur
ISBN 3-89669-035-3

Peter Sartorius arbeitet als leitender Redakteur bei der »Süddeutschen Zeitung« in München. Für seine Reportagen wurde er mit dem Theodor-Wolff-Preis und mehrfach mit dem Egon-Erwin-Kisch-Preis ausgezeichnet.

»Ein sensibles, selbstkritisches, neugieriges – ja, eben ein durchaus großartiges Buch«

Stuttgarter Zeitung

UVK Medien im Internet: www.uvk.de